감사의 능력

말씀의 진리에
순종할 때
일어나는 기적

감사의
능력

멀린 캐러더스

규장

만약 당신에게 행복과 온전함에 이르는 가장 빠르고 확실한 방법을 말해줄 사람이 있다면, 그는 분명 당신에게 일어나는 모든 일에 대해 하나님께 감사하고 영광을 돌리는 습관을 들이라고 말할 겁니다. 어떤 재앙이 닥치더라도 하나님께 감사하고 영광을 돌린다면 당신은 그 재앙을 축복으로 바꿀 수 있습니다.

_윌리엄 로(William Law), 18세기 영국 성직자

나에게 장애를 주신 하나님께 감사합니다. 그 불편함을 통해서 나 자신과 나의 사명, 나의 하나님을 발견할 수 있었기 때문입니다.

_헬렌 켈러(Helen Keller)

하나님의 뜻에 순종하는 사람은 복이 있나니, 그는 절대 불행하지 않을 것입니다. 사람들이 제멋대로 그를 대해도 그는 염려하지 않습니다. … 하나님을 사랑하는 자, 곧 그의 뜻대로 부르심을 입은 자들에게는 모든 것이 합력하여 선을 이룬다는 것을 알기 때문입니다.

_마르틴 루터(Martin Luther)

모든 시련 가운데 하나님의 손을 볼 수 있는 은혜를, 그리고 거기에 즉시 복종할 수 있는 은혜를 구하십시오. 복종할 뿐만 아니라 묵묵히 따르며 그 안에서 기뻐하십시오. … 그 지점에 도달하면 우리 문제는 대부분 끝이 납니다.

_찰스 스펄전(Charles H. Spurgeon)

CONTENTS

01
감사의 찬양

단 하루 감사했을 뿐인데!

짐의 아버지는 삼십 년 동안 알코올의존자였다. 그 세월 동안 짐의 어머니가, 나중에는 짐과 그의 젊은 아내까지 아버지를 고쳐 달라고 하나님께 기도했지만, 눈에 띄는 변화는 없었다. 아버지는 자신에게 문제가 있음을 받아들이지 않았고, 누군가 종교 이야기를 꺼내면 화를 벌컥 내며 자리를 떴다.

그러던 어느 날, 짐이 내 설교를 들었다. 하나님께 우리를 힘들게 하는 상황을 바꿔 달라고 기도하는 대신에 '삶의 모든 것에 대해 그분께 감사하면 능력이 나타난다'라는 내용이었다.

짐은 내 설교 테이프를 집으로 가져가서 그의 친구들도 들을 수 있도록 몇 번이고 반복 재생했다. 그러던 어느 날, 갑자기 이런 생각이 떠올랐다.

'그동안 난 단 한 번도 아버지의 상황에 대해 하나님께 감사하지 않았구나.'

짐은 흥분하여 그 생각을 아내에게 말했다.

"여보, 아버지의 알코올의존증에 대해 하나님께 감사합시다! 그것이 아버지의 삶을 향한 주님의 놀라운 계획의 일부임을 함께 찬양해요!"

그날 두 부부는 온종일 모든 문제 상황에 감사하며 찬양했다. 그리고 저녁이 되자, 둘은 새로운 흥분을 느꼈고 기대감으로 가득 찼다.

다음 날, 평소대로 주일 저녁 식사를 위해 짐의 부모님이 찾아왔다. 아버지는 아들 집에 머무는 시간을 가능한 한 줄이려고 늘 저녁만 먹고 곧장 돌아갔다. 그런데 그날은 커피까지 마시고는 뜻밖의 예리한 질문을 아들에게 던졌다.

"너는 '예수 혁명'을 어떻게 생각하니?"

아버지가 짐을 바라보며 말을 이었다.

"어젯밤 뉴스에서 예수 혁명에 관한 보도를 봤다. 이것이 일시적 유행인 거니, 아니면 마약에 찌든 젊은 애들에게 뭔가 대단한 일이 벌어지고 있는 거니?"

이후 아버지의 질문은 기독교에 관한 솔직하고 긴 토론으로 이어졌다. 그날 짐의 부모는 저녁 늦게까지 자리를 뜨지 않았다.

몇 주 후, 아버지는 자신의 음주 문제를 인정하고 예수께 도움을 구했고, 완전히 고침을 받았다. 그는 이제 다른 가족들처럼 하나님께 감사하면 어떤 일이 일어나는지를 사람들에게 이야기하곤 한다. 짐이 내게 말했다.

"우리 가족은 아버지를 변화시켜 달라고 삼십 년 넘게 기도했어요. 그런데 문제 상황에 대해 단 하루, 하나님께 감사했을 뿐인데 무슨 일이 일어났는지 보세요!"

하나님께 감사하는 건, 하나님이 허락하신 일이 일어나고 있음을 인정한다는 표현이다. 따라서 질병이나 재난처럼 어려운 상황에도 하나님께 감사한다는 건, 말 그대로 우리를 향한 하나님의 완전한 사랑을 드러내기 위한 그분의 계획 일부로 그 일이 일어났음을 인정한다는 걸 의미한다.

우리가 어떤 상황에도 하나님을 찬양할 수 있는 것에 감사하지 않고는 진심으로 그분을 찬양할 수 없다. 또한 전능하신 사랑의 아버지께서 우리의 유익을 위해 역사하심을 믿지 않는다면, 진심으로 감사할 수 없다.

그러므로 '찬양'은 우리가 하나님을 사랑하기만 하면 그분이 모든 것을 합력하여 선을 이루신다는 약속을 지키신다는 것에 대한 감사와 기쁨을 포함한다(롬 8:28).

우리가 '하나님을 찬양한다'는 사실은, 그분이 모든 일을 책임지시며 그것이 언제나 합력하여 선을 이룬다는 걸 받아들인다는 뜻이다. 그렇지 않고서 하나님께 감사한다는 건 터무니없는 일일 것이다.

모든 일에 하나님을 찬양해야 한다는 성경 구절을 순전하게
받아들이며 자신이 처한 환경에서 하나님께 감사하는 사람들을
많이 봤다. 하나님을 찬양하면, 머지않아 한결같은 감사와 기
쁨의 태도가 가져다주는 결과를 경험하고, 믿음이 굳건해져서
계속 그렇게 살 수 있게 된다. 그런데 어떤 사람에게는 조금 어
려울 수도 있다. 그는 이렇게 말한다.

"이해가 안 돼요. 하나님을 찬양하려 해도, 최근에 내게 일어
난 끔찍한 일들에 그분이 정말 관여하셨다는 걸 믿기가 너무 어
려워요."

그는 이해할 수 없다고 말하며 거기서 꼼짝을 못 한다. 우리
의 이해력이 하나님과의 관계에서 실제적인 걸림돌이 된다. 하지
만 하나님은 우리의 '이해력'에 대해 완벽한 계획이 있으시기에,
우리가 그것을 '하나님의 뜻대로' 사용하면 걸림돌이 아니라 믿
음에 큰 도움이 되게 하신다.

시편 기자는 "하나님은 온 땅의 왕이심이라 지혜의 시로 찬송
할지어다"라고 말한다(시 47:7). 우리는 이해력 따위는 제쳐두고,
이를 악문 채 이렇게 말해서는 안 된다.

"지금 죽을 지경인데, 도저히 이해할 수가 없다. 하지만 여기

서 벗어날 방법이 이것뿐이라면 주님을 찬양하겠어!"

이것은 찬양이 아니라 '조종'이다. 우리는 모두 하나님을 조종하려고 애써왔다. 그러나 하나님께서 우리를 너무나 사랑하신 나머지 그마저도 눈감아 주셨으니, 얼마나 감사한가! 우리는 '이해함에도 불구하고'가 아니라 '이해하기 때문에' 하나님을 찬양해야 한다.

하나님이 우리 삶 가운데 특정한 상황을 '왜' 그리고 '어떻게' 일어나게 하시는지 알려고 애쓸 때, 더 혼란에 빠진다. 우리는 하나님께서 그 일을 행하시는 이유와 방법을 이해할 수 없지만, 하나님은 그분이 그 일을 하신다는 '사실'을 우리가 받아들이길 원하신다. 이것이 우리가 찬양해야 하는 근거다. 하나님은 그분이 우리를 사랑하시며, 우리를 위한 계획을 갖고 계심을 우리가 이해하길 원하신다.

우리가 알거니와 하나님을 사랑하는 자 곧 그의 뜻대로 부르심을 입은 자들에게는 모든 것이 합력하여 선을 이루느니라 **롬 8:28**

지금 어려운 상황 가운데 있는가? 그 상황이 '왜' 찾아왔는지 이해하려 애쓰고 있는가? 그렇다면 당신의 이해력으로 하나님이 당신을 정말로 사랑하셔서 이런 상황을 허락하셨음을 받아들이려고 노력하라. 왜냐하면 하나님은 이를 통해 당신에게 선을 이루실 것이기 때문이다. 삶 속에서 하나님이 이루신 일들을 찬양하라. 의도적으로, 이해하려고 노력하면서.

먼저 여호와를 기뻐하라

'모든 일에 하나님을 찬양하라'는 내 설교를 듣고 심란한 마음으로 돌아간 부부가 있었다. 그들은 딸이 정신병원에 입원했다가 절망적인 진단을 받은 일로 몇 달간 슬픔에 빠져 있었다.

전국 기도 모임에 딸을 위한 중보기도를 요청했고, 날마다 딸을 고쳐 달라고 무릎을 꿇고 하나님께 간구했지만, 딸의 병세는 차도가 없었다. 이런 상황에 대해서 하나님께 감사하며 찬양하라는 내 도전에, 이들은 처음에 혼란스러워하고 언짢아했다.

하루는 그 아내가 남편에게 말했다.

"너무나 명백한 악에 대해 하나님께 감사하는 건 신성모독 같아요. 이 상황에 하나님께 감사한다면, 하나님이 일부러 우리 딸을 아프게 하셨다고 비난하는 게 되지 않나요? 그건 '하나님은 사랑이시라'라는 내 생각과는 전혀 맞지도 않고요."

남편도 이에 동의했다.

"내 생각도 그래. 하지만 목사님이 옳으면 어떡하지?"

아내는 절망적인 표정으로 남편을 바라보며 말했다.

"모르겠어요. 우린 더 이상 잃을 게 없어요, 안 그래요?"

남편이 생각에 잠긴 표정으로 말했다.

"그러면 그냥 한번 시도해보면 어떨까?"

부부는 함께 무릎을 꿇었고, 남편이 입을 열었다.

"사랑의 하나님, 우리는 하나님이 우리를 사랑하시고, 우리보다 훨씬 더 우리 딸을 사랑하신다는 걸 압니다. 하나님이 딸의 삶 가운데 가장 좋은 것으로 역사하실 줄 믿겠습니다. 딸이 아픈 것도, 입원해 있는 것도 감사합니다. 의사들이 딸을 도울 방법을 찾아내지 못한 것도 감사합니다. 하나님의 지혜와 우리를 향한 사랑에 대해 하나님을 찬양합니다…."

그날 기도가 길어질수록, 그들은 하나님이 정말로 가장 좋은 일을 하고 계심을 확신하게 되었다.

다음 날 아침, 병원 정신과 의사에게서 전화가 왔다.

"선생님, 따님에게 눈에 띄는 변화가 있었습니다. 와서 보시는 게 좋겠습니다."

그리고 이 주가 채 지나지 않아 딸은 퇴원했다.

일 년 뒤, 한 청년이 나를 찾아왔다. 자기는 그 딸의 오빠이고, 현재 여동생이 결혼하여 임신 중이며 '세상에서 가장 행복한 여인'이 되었다고 말했다!

한 어머니가 나를 찾아와 나이트클럽에서 댄서로 일하는 딸을 위해 기도해 달라고 부탁했다. 나는 기꺼이 함께 기도하겠다고 하면서 딸의 상황에 대해 하나님께 감사했다. 그러자 그 어머니가 소름 끼친다는 듯한 눈으로 나를 쏘아보았다.

"딸이 예의범절을 조롱하고 종교를 비웃는 걸 하나님께 감사하라고요? 그렇게 말씀하지 마세요. 난 딸의 불행에 대해 사랑의 하나님이 아니라 사단에게 감사해야 할 게 분명해요!"

그 어머니는 어려운 선택 앞에 서 있었다. 그녀는 평생 좋은 일은 모두 하나님께 감사하고, 나쁜 일은 모두 사단을 탓해야 한다고 배웠다. 그래서 나는 그녀와 함께 성경책을 보면서, 하나님이 그분을 사랑하고 믿는 자들을 위해 모든 것을 합력하여 선을 이루시며, 아무리 악한 상황이 닥쳐도 우리가 범사에 감사하길 원하신다는 구절을 찾아 같이 읽었다.

"어머니는 딸이 사단의 지배를 받고 있다고 생각할 수 있어요. 하지만 크신 하나님의 능력에 대한 믿음이 부족하여 딸을 향한 하나님의 완벽한 계획이 이루어지기 어렵게 만들 수도 있습니다. 아니면, 하나님의 역사하심을 믿고 범사에 감사하며, 어머니의 찬양으로 따님의 삶 가운데 역사하시는 하나님의 능력이 나타나게 할 수도 있고요."

결국 그녀는 노력해 보기로 했다.

"왜 이렇게 해야 하는지 모르겠지만, 하나님께서 그분이 하시는 일을 알고 계신다고 믿고, 그분께 감사하겠습니다."

우리는 함께 기도했다. 그녀는 마음에 새로운 평안을 얻고 돌아갔다. "난생처음 딸 걱정에서 벗어났어요"라며 활짝 웃어 보였다. 그리고 나중에 무슨 일이 일어났는지 말해주었다.

바로 기도한 날 밤, 딸이 거의 벗다시피 한 채 작은 무대에서 춤추고 있는데 한 청년이 나이트클럽에 들어왔다. 그는 딸을 똑바로 바라보며 다가와 이렇게 말했다고 했다.

"예수님이 정말로 당신을 사랑하십니다!"

댄서인 딸은 젊은 남자들이 던지는 온갖 종류의 말을 듣는 데 익숙했지만, 이런 말은 들어본 적이 없었다. 그래서 무대에서 내려와 그와 함께 탁자에 앉아 물었다.

"왜 그런 말을 내게 하는 거죠?"

그는 길을 걷다가 하나님이 말씀하시는 걸 느꼈다고 했다. 특정한 나이트클럽에 들어가 춤추는 댄서에게 "예수 그리스도가 영생이라는 선물을 거저 주셨다"라고 말하라고.

넋이 나간 듯 그를 바라보던 딸의 두 눈에 눈물이 차올랐다. 그리고 그녀가 조용히 말했다.

"그 선물… 받고 싶어요."

딸은 그곳, 나이트클럽 탁자에서 선물을 받았다.

하나님을 찬양하는 것은 마법 같은 성공 공식이 아니다. 하나님의 말씀이 확고하게 뒷받침하는 삶의 방식이다. 우리는 예상되는 결과가 아닌, 상황 그 자체로 하나님을 찬양해야 한다.

한쪽 눈으로 몰래 예상되는 결과를 바라보며 하나님을 찬양하는 건 자신을 스스로 속이는 일일 뿐이며, 그렇게 해서는 우리 자신과 상황을 바꿀 수 있는 그 어떤 일도 일어나지 않는다.

찬양은 미래에 어떤 일이 일어나길 바라거나 생각하는 게 아니라, 우리를 향한 하나님의 사랑과 온전하신 뜻의 일부로 '현재를 받아들이는 것'에 기반한다. 이것은 주님을 찬양할 때 반드시 관찰되는 절대적인 법칙이다.

나에게 혹은 주변에 일어나길 기대하는 일에 대해 하나님께 찬양하는 게 아니다. 바로 지금 있는 곳에서, 내 모습으로 하나님의 하나님 되심을 찬양하는 것이다.

물론 진심으로 하나님께 감사하면, 그 결과로 어떤 일이 분명히 일어난다. 하나님의 능력이 그 상황으로 흘러들어오고, 우리는 우리 내면이나 주변에서 변화를 감지할 것이다. 과거에는 비참해 보였던 상황에서 참된 기쁨과 행복을 경험할 수 있고, 그 상황이 정말 바뀔 수도 있다. 그러나 이것은 찬양의 '결과'이지 '동기'가 되어서는 안 된다. 찬양은 주님과 협상하는 것이 아니므로 이렇게 말해서는 안 된다.

"주님을 찬양할 테니, 저를 축복해 주세요!"

하나님을 찬양하는 것은 그분 안에서 기뻐하는 것이다.

또 여호와를 기뻐하라 그가 네 마음의 소원을 네게 이루어 주시리로다 시 37:4

여기서 중요도의 순서를 주목하라. 마음의 소원을 나열하고, 그것을 얻기 위해 여호와를 기뻐하는 게 아니라 '먼저' 기뻐해야 한다. 하나님으로 인해 진정한 기쁨을 경험하면, 다른 모든 게 덜 중요해진다. 그런데도 하나님이 여전히 우리 마음의 소원을 들어주길 원하신다는 건 사실이다. 그것이야말로 우리를 향한 그분의 바람이며 계획이다.

우리가 모든 일에서 주님과 함께 기뻐하는 법을 먼저 배울 수 있다면 얼마나 좋을까!

감사로 상황을 받아들일 때

두 아들을 둔 크리스천 부부가 있었다. 그중 작은아들은 부부의 자랑이자 기쁨이었다. 그 아들은 부모와 함께 살면서 따뜻하고 행복한 신앙생활을 누리고 있었다.

하루는 그 부부와 저녁 식사를 하는데, 가출한 큰아들이 골칫거리라고 고백했다. 큰아들은 우수한 성적으로 대학을 졸업했지만, 부모와 기성 사회에 등을 돌려 히피가 되었고, 뚜렷한 삶의 목적도 없이 전국을 방랑하고 있다고 했다.

슬픔에 빠진 부부는 내게 조언을 구했다. 나는 하나님께서 그들에게 큰아들을 주셨고, 아들의 구원을 간구하는 부모의 기도에 반드시 응답하실 것을 믿는다고 말했다.

"두 분의 기도가 진실하다면, 하나님이 큰아들의 삶을 사용하셔서 그와 두 분에게 최선으로 역사하실 줄 믿습니다.”

그 아버지가 말했다.

“알겠습니다. 우리는 그저 아들에게 가장 좋은 것을 바랄 뿐 인데…. 이것이 분명 모두를 위한 하나님의 뜻과 방법이라고 믿 겠습니다.”

우리는 식탁에 둘러앉아 손을 잡고, 가장 선한 방법으로 계획 을 이루시는 하나님께 감사를 드렸다.

오래지 않아 그 가족이 편지를 보내왔다. 내용은 이러했다.

그날 만남 이후로 부부는 비록 이해하기 어려웠지만, 큰아들 에 대해 끊임없이 하나님께 감사했다. 그러던 어느 날, 아들이 오토바이 사고를 당해 다리에 큰 상처를 입었다. 당분간 다리를 쓸 수 없게 된 아들은 잠시 집에서 지내게 되었고, 부모에게 전국 곳곳에 외상값이 있다고 알렸다.

부부는 이 문제를 두고 기도했고, 아들의 삶에 일어난 모든 일에 하나님이 역사하셨다면, 그 외상값 또한 그분이 허락하신 것으로 생각하기로 했다. 그래서 하나님께 감사하며 그것을 전 부 갚았다! 아들은 깜짝 놀랐다. 알아서 빚을 갚으라는 꾸중이 나 들을 거로 예상했는데, 도리어 부모님이 자신을 너그럽고 사 랑 가득한 눈으로 바라보며 대신 빚을 다 갚아주었으니 말이 다. 게다가 자신의 파격적인 복장과 머리 모양도 거부감 없이 받 아들이는 것 같았다.

그러던 어느 저녁, 크리스천 청년 몇 명이 큰아들을 찾아왔다. 그는 짜증이 났지만 아픈 다리 때문에 집 밖으로 나갈 수가 없었다. 청년들은 예수 그리스도가 그들의 삶에 어떤 일을 하셨고, 지금도 어떻게 일하고 계시는지를 열정적으로 나누었다.

큰아들은 처음에 삶에 대한 그들의 접근 방식이 순진하고 비현실적이라며 신랄하게 비판했지만, 이내 경청하며 집요하게 질문을 던졌다. 그리고 밤이 되기도 전에, 그는 예수께 그의 삶을 맡겼다.

그의 부모는 기뻐하며 큰아들의 삶에 즉각적이고 급격한 변화가 일어났다고 내게 전했다. 큰아들은 예수님을 따르며 섬기기로 헌신했다. 성경을 열심히 공부했고, 며칠 만에 세례를 요청하여 예수님의 죽음과 부활 이후 첫 오순절에 제자들이 경험했던 성령세례도 받았다. 이후 큰아들은 크리스천 여성을 만났고, 얼마 안 되어 약혼까지 했다.

몇 달씩 걱정하고 염려하며 기도해도 큰아들에게 아무 변화가 없었는데, 부모가 아들의 상태를 기꺼이 받아들이며 하나님께로 향했을 때, 비로소 하나님께서 그들 모두를 위한 완전한 계획을 완성하시는 문을 활짝 여셨다.

하나님은 분명 우리 삶을 위한 완벽한 계획을 갖고 계신다. 우리는 환경을 바라보며, 고통스러운 한 지점에 영원히 머물러 있는 것처럼 느낄 수 있다. 하나님께 도와달라고 더 많이 기도하고 부르짖을수록 상황은 더 악화하는 것 같다.

이는 문제 상황을 모두 없애달라고 하나님께 부르짖는 대신, 그 문제 상황에 대해 하나님께 감사하기 전에는 사건의 전환이 일어나지 않기 때문이다.

한 젊은 여성이 자신이 인내의 한계에 다다랐던 이야기를 해주었다. 그녀는 난처한 어떤 상황을 겪은 후, 자존감을 잃고 외모에 신경을 쓰지 않게 되었다.

"먹는 게 탈출구였죠. 온몸에 살이 붙기 시작하더니 결국 볼썽사나운 몰골이 되고 말았어요. 남편은 다른 여자들에게 한눈을 팔기 시작했고, 급기야 이혼을 요구하며 집을 나갔어요."

그러자 집에는 청구서가 쌓이기 시작했다. 예민함이 한계 상황까지 다다른 그녀는 자주 자살을 생각했다.

"계속 기도했어요. 성경을 읽었어요. 교회 문이 열려 있을 때마다 가서 아는 모든 사람에게 기도를 부탁했지요. 크리스천 친구들은 내게 믿음을 지키라고, 좌절하지 말라고, 내일 더 좋아질 거라고 말해주었어요. 하지만 상황은 점점 더 나빠졌어요. 그때 누군가가 목사님이 쓰신 《감옥에서 찬송으로》를 주어서 읽었는데, 도저히 그 내용들이 사실이라고 믿을 수가 없었지요.

제정신인 사람이라면, 당시 제 삶에 벌어진 모든 일에 대해 제가 감사하기를 기대할 순 없었을 거예요! 그런데 책을 읽으면 읽을수록 눈물이 났어요. 목사님 말씀이 사실임을 서서히 깨달았죠. '범사에 하나님께 감사하라'라는 말씀을 성경에서 수없이 읽었지만, 무슨 뜻인지 제대로 이해하지 못했어요."

그래서 그녀는 모든 일에 하나님께 감사하기로 했다. 밑져야 본전 아니겠는가! 그녀는 몸무게가 급격히 늘어 언제든 심각한 심장마비가 올 수 있음을 알았다. 한줄기 희미한 빛 같은 희망을 품고, 그녀는 거실에서 무릎을 꿇고 기도했다.

"하나님, 제 모습 이대로 감사합니다. 모든 문제는 지금 이곳으로 저를 부르시기 위한 하나님의 선물이었어요. 이것이 제게 최선임을 하나님이 모르셨다면, 그런 일들을 허락하지 않으셨을 겁니다. 하나님은 저를 사랑하십니다! 하나님이 저를 정말 사랑하신다는 걸 제가 압니다. 정말이에요, 하나님…."

바로 그때, 우체부를 보고 시끄럽게 짖어대는 개 때문에 그녀는 기도를 중단했다. 개는 그 집을 찾는 사람들을 향해 늘 격렬하게 짖어댔다. 이것은 그녀를 짜증 나게 하는 사소한 사건 가운데 하나였다. 이런 일이 쌓이고 쌓여 그녀의 하루를 버티기 힘들 정도로 비참하게 만들었다.

그날도 개를 조용히 시키려고 평소처럼 날카롭게 꾸짖으며 문쪽으로 향하는데, 갑자기 이런 생각이 들었다.

'아, 이 모든 일에 감사해야 해. 좋아요, 하나님. 짖는 개가 있

어서 감사합니다!'

현관문을 열자 우체부가 편지 한 통을 건넸다. 그녀는 봉투에 쓰인 익숙한 손 글씨를 바라보았다. 몇 달째 소식이 없던 남편의 편지였다.

'말도 안 돼! 하나님이 이렇게 빨리 움직이실 리 없어.'

그녀는 떨리는 마음으로 편지를 읽어 내려갔다.

"당신도 여전히 그럴 의향이 있다면, 우리 문제를 해결할 방도가 있을 것 같아."

하나님의 타이밍은 완벽했다. 이제 그녀는 하나님께서 삶의 모든 것을 합력하여 선을 이루신다는 사실을 기꺼이 믿게 되었다. 그리고 꾸준히 살을 뺐다. 마치 뜨거운 접시 위에 놓인 버터가 녹아내리듯이! 그러자 친구들이 "너, 너무 좋아 보인다! 무슨 일이 있었던 거니? 완전히 다른 사람이 됐어!"라고 했다.

'다른 사람?'

맞으면서도 틀린 말이었다. 물리적으로는 같은 존재지만, 이제 그녀는 하나님께서 그녀 삶에 선을 이루시기 위해 세세한 영역에서까지도 역사하심을 아는, 믿음의 새로운 차원에 살게 되었기 때문이다. 남편이 돌아왔고, 둘은 재결합했다.

그녀가 말했다.

"어느 날은 하나님께 이렇게 고백하는 내 목소리를 들으면서 잠에서 깨요. '오 하나님, 아름다운 날을 주셔서 감사합니다.

하나님, 사랑합니다!'"

감사로 상황을 받아들이기 시작했을 때, 삶에 터닝포인트가 찾아왔다. 이것이야말로 우리 삶에 영적 원리가 작동하고 있음을 보여주는 완벽한 일화다.

하나님은 우리 삶에 대한 완벽한 계획을 갖고 계시지만, 우리가 현재 상황을 그 계획의 일부로 즐거이 받아들이기 전에는 다음 단계로 넘어가지 않으신다. 그다음에 벌어지는 일은 우리의 행함이 아닌 하나님의 한 수다.

어떤 사람들은 그런 사실을 부인하고 싶어 한다. 그들은 범사에 하나님께 감사하는 법을 깨달은 사람의 삶의 변화를 보고, 그것에는 간단한 이유가 있다고 주장한다.

"태도가 바뀌니 상황이 바뀌는 거지. 단순한 심리학이야. 불평을 멈추고 미소 짓기 시작하면 기분이 달라지고, 다른 사람이 그를 대하는 태도도 달라지니까, 삶 전체가 더 나은 쪽으로 극적인 변화를 겪을 수 있는 거야."

나는 "웃어라, 그러면 세상이 너와 함께 웃을 것이다. 울어라, 그러면 혼자 울게 될 것이다"라는 상투적인 말이 훌륭한 조언이라는 데 (어느 정도는) 동의한다. 하지만 하나님을 찬양하는 건, 단순히 태도를 바꾸는 것 이상의 의미가 있다.

우리는 "주님을 찬양하라!"라든가 "하나님, 감사합니다!" 같은 표현을 입버릇처럼 사용함으로 그 진정한 의미를 놓치는 경향이 있다. 물론 우리가 하는 감사의 말에는 능력이 있으며, 우리가 드러내는 감사와 기쁨의 태도에도 능력이 있다.

그러나 하나님은 전능하시며 절대적인 통제력을 갖고 계신다는 사실을 자주 상기할 필요가 있다. 우리는 마치 일정한 형식의 기도를 중얼거리는 것만으로 상황을 조종하거나 바꿀 능력이 우리에게 있다는 생각의 오류에 빠지기 쉽다.

우리가 어떤 상황을 진심으로 받아들이고 하나님께 감사하며 그분이 그 상황을 허락하셨다고 믿을 때, 그 상황에는 자연적인 사건 전개로는 설명할 수 없는 놀라운 변화를 일으키는 초자연적이고 신성한 힘이 드러난다.

하나님의 초자연적인 치유하심

내가 조지아주 포트 베닝에서 군종장교로 근무할 때였다. 한 젊은 군인이 도와달라며 그의 아내를 내 사무실로 데려왔다. 그녀는 LSD 중독으로 끔찍한 플래시백(환각제 사용 중단 후에도 사용 당시 경험한 환각 상태가 다시 나타나는 현상-역주)으로 고통받고 있었는데 의사들도 치료법을 찾지 못했다고 했다. 그녀의 예쁜 얼굴에는 두려움과 고통으로 주름이 깊게 패어 있었다.

그녀가 말했다.

"잠을 이루지 못해요. 제게 달려드는 무시무시한 동물들이 보여서 단 일 분도 눈 감고 있을 수가 없어요."

그의 남편은 아내가 극심한 피로로 잠이 들었다가도 곧 깨어 비명을 지르곤 한다고 했다.

"아내를 흔들어 깨우려고 애써도, 어떨 때는 정신을 차리기까지 십 분이 걸리기도 해요. 그때까지 아내는 저를 절망으로 밀어 넣는 괴로운 비명을 질러대고요."

나는 부부의 안타까운 사연을 듣고 말했다.

"딱 한 가지만 제안하지요. 나와 함께 무릎 꿇고 두 분의 지금 모습 그대로를 하나님께 감사합시다."

둘은 내 말이 진심이 아닐 거라는 확신의 눈빛으로 나를 바라보았다. 나는 하나님이 우리가 범사에 감사하기를 원하신다는 걸 어떻게 알게 되었는지를 조심스럽게 설명했다.

"이제껏 인생에 일어난 모든 일이 두 분을 이 자리로 이끌었습니다. 나는 하나님이 두 분을 사랑하시며 두 분을 위해 아주 멋진 일을 이루시리라 믿어요. 지금, 하나님은 두 분을 그분께로 이끈 모든 것에 대해 감사하길 원하십니다."

그리고 나는 성경책을 뒤적여 밑줄 그어둔 성경 구절을 보여주었다. 둘은 내 말을 받아들였고, 그들 삶의 모든 것, 특히 약물 중독 플래시백에 대해 하나님께 감사하며 무릎을 꿇었다. 나는 그 공간에 하나님이 임재하심을 느꼈다. 그래서 "성령님이 분명히 지금 당신을 치유하고 계십니다"라고 말한 뒤, 그녀의 머리에 손을 얹고 기도했다.

"주님, 바로 지금 이 부인을 고쳐주시니 감사합니다."

그녀는 눈을 뜨고 놀란 표정을 지으며 말했다.

"뭔가 변화가 일어났어요. 기도하려고 눈을 감았는데 아무것
도 보이지 않았어요!"

내가 말해주었다.

"예수님이 당신을 고치셨습니다. 이제 주님은 당신의 구세주
로 당신 삶 가운데 들어가길 원하십니다. 그분을 받아들이시겠
습니까?"

두 사람은 간절하게 "네!"라고 대답했다. 여전히 무릎을 꿇은
채로 예수님이 삶 가운데로 와주시기를 간구했다. 그러고 나서
기뻐하며 사무실을 떠났다. 이후 그녀에게 플래시백 증상은 두
번 다시 나타나지 않았다. 하나님의 능력이 그녀의 마음을 지배
하던 약물의 힘을 완전히 깨뜨리신 거였다.

의료 당국은 오랫동안 약물의 노예였던 중독자들을 치료하는
일에서 자신들의 무력함을 인정해 왔다. 그러나 최근 몇 년 사이
에 오랜 약물 의존에서 벗어난 중독자들의 소식이 자주 들려온
다. 그들은 초자연적인 하나님의 개입으로 자유를 찾았다.

이런 변화는 새로운 태도나 개인의 단호한 의지나 노력으로는
일어나지 않는다. 오직 우리 삶 가운데 역사하시는 하나님의 능

력으로만 가능하다.

일단 믿고 받아들이라!

어떤 형태든 진정한 기도는 하나님의 능력이 삶으로 흘러들어
오도록 문을 열어준다. 하지만 감사 기도는 그 어떤 간구보다
도 하나님의 능력을 더 많이 드러낸다. 성경은 이 사실을 보여주
는 사례를 반복해서 제시한다.

이스라엘의 찬송 중에 계시는 주여 주는 거룩하시니이다 시 22:3

우리가 하나님을 찬양할 때, 그분의 능력과 임재하심이 우리
곁에 있음은 당연하다. 그분은 실제로 우리의 찬양 가운데 거하
신다! 우리가 찬양할 때, 하나님이 어떻게 역사하시는지에 대한
주목할 만한 사례가 역대하 20장에 나온다.

어느 날, 유다 왕 여호사밧은 자신의 작은 왕국이 원수인 모
압과 암몬의 강력한 군대에 포위당했음을 알았다. 여호사밧은
연약한 유다의 힘만으로는 가망이 없음을 알고 하나님께 부르
짖었다!

우리 하나님이여 그들을 징벌하지 아니하시나이까 우리를 치러 오는
이 큰 무리를 우리가 대적할 능력이 없고 어떻게 할 줄도 알지 못하옵

하나님을 찬양하는 행동에서 가장 중요한 단계는 위협적인 상황에서 눈을 돌려 하나님을 바라보는 것이다. 여호사밧이 자신의 왕국을 향한 위협에 그저 두 눈을 감거나 원수가 그곳에 없는 듯 행동하고 있지 않음에 주목하라. 상황을 주의 깊게 살핀 그는 자신의 무력함을 깨닫고 하나님께 도움을 구했다.

이처럼 삶에 찾아온 실제적인 악의 위협에 눈을 감아서는 안 된다. 그것을 있는 그대로 직면할 때, 완전한 통제와 권위로 그 가운데 역사하시는 하나님께 감사하고 찬양할 더 큰 이유를 얻을 것이다. 그렇다고 우리 주변에 나타나는 악에 미리 사로잡히지는 말아야 한다. 그것을 똑똑히 보고, 우리 힘으로는 대항할 수 없다는 무력함을 인정하고, 하나님을 바라보자.

하나님이 여호사밧에게 말씀하셨다.

야하시엘이 이르되 온 유다와 예루살렘 주민과 여호사밧 왕이여 들을지어다 여호와께서 이같이 너희에게 말씀하시기를 너희는 이 큰 무리로 말미암아 두려워하거나 놀라지 말라 이 전쟁은 너희에게 속한 것이 아니요 하나님께 속한 것이니라 대하 20:15

정말 대단한 말씀이다. 우리에겐 상황에 대처할 능력이 없다.

그러니 너무나 분명하게도, 전투는 우리에게 속한 게 아니라 하나님께 속한 것이다!

> 이 전쟁에는 너희가 싸울 것이 없나니 대열을 이루고 서서 너희와 함께한 여호와가 구원하는 것을 보라 유다와 예루살렘아 너희는 두려워하지 말며 놀라지 말고 내일 그들을 맞서 나가라 여호와가 너희와 함께하리라 하셨느니라 하매 **대하 20:17**

실로 대단한 약속이 아닌가! 여호사밧은 가만히 서서 역사하시는 하나님을 지켜보면서 어떤 행동을 했는가? 다음 날 아침, 그는 군대에 명령을 내렸다.

> 백성과 더불어 의논하고 노래하는 자들을 택하여 거룩한 예복을 입히고 군대 앞에서 행진하며 여호와를 찬송하여 이르기를 여호와께 감사하세 그의 인자하심이 영원하도다 하게 하였더니 **대하 20:21**

이 장면은 유다 사람들을 도륙할 준비를 하고 길게 줄지어 선 원수의 군대 바로 앞에서 벌어졌다. 자신들과 맞서 싸워야 하는 전쟁터에서 작은 무리의 노래하는 자들이 행진하는 모습을 본 적군 대장의 반응을 상상할 수 있는가?

나는 이십 년간 군대에 있으면서 군인들이 수많은 전투에 대비하는 모습을 보았다. 하지만 노래하는 사람들이 하나님을 찬양하며 앞서 나가는 동안에 자기 부대원들에게 적진 바로 앞에 가만히 서 있으라고 명령하는 사령관은 단 한 번도 본 적이 없다. 이건 꽤 억지스러운 발상처럼 보인다. 이런 상황에서 우리는 이렇게 말할지도 모른다.

"힘든 상황에서 주님을 찬양하는 건 좋은 일이지. 하지만 바보같이 굴지 말자. 하나님은 스스로 돕는 자를 도우시니까. 우리가 해야 할 최소한의 일은 전장에 나가서 최선을 다해 용감하게 싸우는 거야. 나머지는 하나님께 맡기고!"

그러나 여호사밧과 부하들에게 어떤 일이 일어났는가?

그 노래와 찬송이 시작될 때에 여호와께서 복병을 두어 유다를 치러 온 암몬 자손과 모압과 세일 산 주민들을 치게 하시므로 그들이 패하였으니 곧 암몬과 모압 자손이 일어나 세일 산 주민들을 쳐서 진멸하고 세일 주민들을 멸한 후에는 그들이 서로 쳐 죽였더라 대하 20:22,23

만약 여호사밧이 '안전을 택하는 편이 낫겠다' 생각하고 부하들에게 싸우라고 명령했다면, 그 결과는 사뭇 달라졌을 것이다.

많은 사람이 전투가 자신에게 속하지 않고 하나님께 속했다는 사실을 받아들일 준비가 되어 있지 않기에 주변 환경 앞에서 끊임없이 패배한다. 더구나 원수를 대항할 힘이 없음을 깨달을 때조차 고집을 내려놓고 하나님의 능력에 자신을 내맡기길 두려워한다. 그러고는 이렇게 말한다.

"나는 이해되지 않아. 그래서 믿지 않을 거야."

성경은 그 딜레마에서 빠져나올 유일한 방법이 우리 편에서 믿음의 한 걸음을 내딛는 거라고 말씀한다. 하나님의 약속이 사실임을 믿고, 그것을 받아들이고, 담대하게 그 약속을 신뢰하면 깨달음에 이른다. 성경이 말씀하는 원리는 분명하다. 먼저 이해하기보다 받아들이라는 것이다.

인간의 이해력은 매우 제한적이어서 우리를 향한 하나님의 계획과 목적이 얼마나 큰지 도저히 간파하지 못한다. 만약 이해해야만 인정하고 받아들일 수 있다면, 절대 많은 것을 받아들일 수 없을 것이다.

여호사밧이 하나님의 전쟁 계획을 이해하겠다고 고집을 부렸다면, 그분의 뜻을 따르지 못했을 것이다. 하나님의 약속은 의심의 여지 없이 그의 이해력을 뒤흔들었다. 하지만 그는 하나님을 믿고 신뢰하는 사람이었기에, 결국 그분을 의지했다.

여리고 성은 '정말' 무너졌다

하나님께로부터 무모한 전쟁 명령을 받은 지도자가 또 있었으니, 바로 여호수아다. 많은 사람 눈에 터무니없어 보이는 그 명령에 순종하기란 보통 어려운 일이 아니었을 것이다.

〈Joshua Fit the Battle of Jericho〉(여호수아 성을 쳤네 여리고)
라는 노래를 아는 사람이 많을 것이다. 여리고 성읍이 매우 견
고한 요새였던 데 반해, 광야에서 사십 년을 떠돈 이스라엘 백성
에게는 성을 함락할 무기나 힘이 없었다. 그러나 여호수아는 하
나님이 이스라엘의 원수를 그들 손에 넘겨주겠다고 약속하셨을
때, 그분을 믿었다.

하나님은 여호수아에게 엿새 동안 여리고 성 둘레를 행진하
고, 이레째 되는 날, 나팔을 불고 고함을 지르라고 말씀하셨다.

> 제사장들이 양각 나팔을 길게 불어 그 나팔 소리가 너희에게 들릴 때
> 에는 백성은 다 큰 소리로 외쳐 부를 것이라 그리하면 그 성벽이 무너
> 져 내리리니 백성은 각기 앞으로 올라갈지니라 하시매 수 6:5

여호수아는 하나님을 신뢰했지만, 만일 우리가 그의 부하였
다면 어떤 생각을 했을까? 여호수아의 무모한 명령에 투덜대며
주저했을까? 또 견고한 성벽 위에 선 여리고 성의 주민들은 이스
라엘 백성이 언약궤를 앞세우고 성 둘레를 행진하는 모습을 보
며 무슨 생각을 했을까?

나는 여호수아와 여리고 성 전투 이야기를 과장이 뒤섞인 옛
날이야기나 신화쯤으로 생각하기도 했다. 그러나 최근 몇 년 사
이에 고고학자들이 옛 여리고의 유적을 찾아냈고, 성경 기록과

일치하는 역사적 시기에 성벽이 무너졌다는 충분한 근거를 발견했다. 여리고 성벽은 '정말로' 무너졌다. 하나님의 백성이 나팔을 불고 고함을 지르며 하나님을 찬양하여 그분을 향한 신뢰와 확신을 나타내자, 하나님의 능력이 역사하셨다.

여호사밧과 여호수아의 사례는 인간의 지혜와 전략으로 보면 완전히 어리석고 모순되는 방법과 원리로 승리하시는 하나님을 분명히 보여준다.

예수님이 보여주신 감사의 능력

우리는 하나님을 신뢰하고 찬양하며 그분의 역사하심을 바라봐야 한다. 예수님도 이스라엘에서 이런 방식으로 일하셨다. 스스로는 아무것도 할 수 없다고 공공연히 인정하셨다. 그분의 역할은 완전한 순종과 신뢰와 믿음으로 아버지 하나님의 뜻을 따르며, 하나님의 능력으로 인간의 필요를 채우시는 거였다.

어려운 문제를 놓고 기도하시던 예수님을 보라. 예수님의 말씀을 듣기 위해 오천 명이 넘는 사람이 마을을 떠나 그분을 따랐다. 그런데 사람들은 배가 고팠다. 있는 음식이라곤 한 소년의 점심거리인 떡 다섯 개와 물고기 두 마리뿐이었다.

이때 예수님이 어떻게 기도하셨는가? 기적이 일어나게 해달라고 하나님께 애원하셨는가?

예수께서 떡 다섯 개와 물고기 두 마리를 가지사 하늘을 우러러 축사하시고 떡을 떼어 제자들에게 주어 사람들에게 나누어 주게 하시고 또 물고기 두 마리도 모든 사람에게 나누시매 다 배불리 먹고 남은 떡 조각과 물고기를 열두 바구니에 차게 거두었으며 막 6:41-43

혹자는 이런 반론을 제기할 것이다.

"예수님이니까 그러실 수 있죠. 하나님이 무얼 하실 수 있는지 아시니까요. 하지만 우리에겐 해당하지 않는다고요!"

하지만 예수님은 제자들에게 말씀하셨다.

내가 진실로 진실로 너희에게 이르노니 나를 믿는 자는 내가 하는 일을 그도 할 것이요 또한 그보다 큰일도 하리니 이는 내가 아버지께로 감이라 너희가 내 이름으로 무엇을 구하든지 내가 행하리니 이는 아버지로 하여금 아들로 말미암아 영광을 받으시게 하려 함이라 요 14:12,13

우리가 "그보다 큰일"도 할 수 있다고 말씀하셨다. 이것은 하나님이 환경운동가와 농업전문가들이 엄중히 예측하는 전 세계적 기근과 식량 부족에 대해서도 계획을 갖고 계신다는 뜻일까? 그렇다. 나는 그렇다고 믿는다. 나는 사람들이 하나님의 말씀을 통해 예수님을 영접하고, 제한된 식량 공급에도 그분께 감사하고 찬양하자, 예상했던 것보다 더 많은 사람을 먹일 수 있게 된 몇몇 사례를 알고 있다.

예수님은 나사로의 죽음을 확인하시고 간단한 감사 기도를 드리셨다. 사람들이 사흘 전에 나사로를 묻었던 무덤의 돌을 옮겨 놓자, 눈을 들어 우러러보며 말씀하셨다.

> 돌을 옮겨 놓으니 예수께서 눈을 들어 우러러보시고 이르시되 아버지여 내 말을 들으신 것을 감사하나이다 **요 11:41**

그리고 나사로에게 무덤에서 나오라고 명령하셨다. 그러자 사흘 전에 죽은 사람이 무덤에서 걸어 나왔다!

성경은 예수님이 세상에 오신 이유가 우리로 하나님을 찬양하도록 하기 위해서라고 말씀한다. 선지자 이사야는 예수님의 오심을 예언했다.

> 주 여호와의 영이 내게 내리셨으니 이는 여호와께서 내게 기름을 부으사 가난한 자에게 아름다운 소식을 전하게 하려 하심이라 나를 보내사 마음이 상한 자를 고치며 포로 된 자에게 자유를, 갇힌 자에게 놓임을 선포하며 여호와의 은혜의 해와 우리 하나님의 보복의 날을 선포하여 모든 슬픈 자를 위로하되 무릇 시온에서 슬퍼하는 자에게 화

관을 주어 그 재를 대신하며 기쁨의 기름으로 그 슬픔을 대신하며 찬
송의 옷으로 그 근심을 대신하시고 그들이 의의 나무 곧 여호와께서
심으신 그 영광을 나타낼 자라 일컬음을 받게 하려 하심이라 **사 61:1-3**

위 말씀에서 당신은 어떤 처지인가? 마음이 상했는가? 신체적
제약이나 질병, 영적 제약에 매여 있는가? 육체의 감옥 또는 자
신만의 영적인 맹목에 갇혀 있는가? 슬퍼하고 있는가? 기뻐할 수
도, 감사할 수도, 하나님을 찬양할 수도 없는 상태인가? 영이
무거운 짐을 진 채 나약한 상태인가?

아마도 이 모든 건, 예수님이 전해주신 복음을 온전히 받아들
이거나 이해하지 못했기 때문일 것이다.

'감사'란 하나님이 아들 예수 그리스도와 성령님을 통해 우리
의 삶과 이 세상 가운데서 행하셨고, 지금도 행하고 계신 일을
명확히 알고 거기에 적극적으로 반응하는 것이다.

만약 이를 의심한다면, 온 마음 다해 하나님을 찬양할 수 없
다. 복음에 대한 불확실성은 언제나 찬양을 가로막는 걸림돌이
다. 범사에 하나님께 감사하길 원한다면, 의심과 불확실성이라
는 균열 없이 믿음의 기반을 굳건히 해야 한다.

02

복음의
기쁜 소식을 들으라

당신에게 복음은 얼마짜리인가?

내가 당신에게 십 원짜리를 거저 준다 해도, 당신은 별로 기뻐하지 않을 것이다. 오히려 의아해하거나 나를 비웃을지도 모른다. 그때 내가 십 원짜리 동전을 하나 더 주면서 이것도 가지라고 한다면, 당신은 더욱 의아해하며 고개를 절레절레 저을 것이다. 동전이 스무 개가 될 때까지 계속 건넨다면, 당신의 흥미는 커질 수 있겠지만, 내가 무얼 증명하려는 건지 도무지 알 길이 없을 것이다.

그런데 만약 십 원짜리 대신 백만 원짜리 수표를 준다면, 단언컨대 당신은 바로 흥분할 것이다. 내가 그 선물을 이천만 원까지 늘리면, 당신은 자신이 얼마나 운이 좋은지 깨닫기 시작하면서 놀란 눈으로 나를 바라볼 것이다. 기뻐서 소리칠 수도 있고, 자신이 받은 그 멋진 선물에 대해 당장 누군가에게 말하고 싶어 할 게 분명하다. 그럴 만한 놀라운 소식 아닌가! 당신은 평생

"내가 이천만 원을 거저 받았다는 이야기를 한 적이 있던가요?" 라면서 그 이야기를 떠들고 다닐 것이다.

하나님은 우리에게 멋진 선물을 많이 주셨다. 원하기만 하면 거저 받을 수 있는 것들을 말이다. 하지만 우리는 그것을 십 원짜리 선물처럼 여기는 것 같다. 십 원짜리 선물 앞에서는 흥분하거나 심장박동이 빨라지지 않는다. 마찬가지로 우리는 하나님의 선하심을 생각하며 감사와 기쁨의 눈물을 흘리지 않는다. 무엇이 잘못된 걸까? 하나님의 선물이 잘못된 걸까? 그렇지 않다. 우리가 십 원짜리 세상에 살고 있는 게 문제다!

교회에 다니는 많은 사람이 하나님의 선물인 '영생'을 십 원짜리 선물로 생각한다. 게다가 자기들이 받은 공짜 선물을 간직하려면, 선한 삶을 살기 위해 고군분투해야 한다고 생각한다. 그러다 보니 크리스천이 되려고 열심히 노력하는 것이 가치 있는 일인지 종종 의심하며 지속적인 압박을 받는다.

크리스천들이 복음 전도에 열정적이지 않은 것은 그리 놀라운 일이 아니다. 그들에게 복음이란, 그저 주일에 교회에 가고, 세상적으로 재미있을 것 같은 일을 애써 멀리하고, 힘들게 번 돈을 헌금통에 넣는 행위일 뿐이다.

만약 이것이 당신이 생각하는 '구원'이라면, 당신이 한가한 저녁 시간 내내 텔레비전을 시청하는 까닭을 이해할 수 있다. 당신이 이웃이나 길에서 만난 낯선 이에게 하나님의 사랑에 관해 이야기할 생각조차 하지 않는 까닭도 말이다.

당신에게 하나님이 주시는 선물이 십 원에 불과하다면, 어떻게 더 받는 데 관심이 생기겠는가! 십 원짜리 선물은 안 받아도 그만이다. 하지만 천만 원짜리 선물을 받았다면, 더 받고 싶어 안달이 날 것이다. 그리고 어떻게 하면 그 선물을 받을 수 있는지 다른 사람에게도 알려줄 것이다.

우리는 모두 천만 원짜리 선물을 원한다. 사람들은 별다른 노력 없이 무언가를 얻으려고 매년 엄청난 돈으로 복권을 산다. 이처럼 사람에게는 진짜 가치 있는 것을 스스로 얻고자 하는 욕망이 있다.

우리를 위한 하나님의 공짜 선물은 수천만 원 이상의 가치가 있다. 하나님은 최소한의 기준을 정해놓고 거기에 도달한 사람에게만 그 선물을 주시지 않는다. 받고자 하면 '누구에게나' 주신다. 하나님이 우리에게 주시려는 모든 선물의 값을 예수 그리스도께서 이미 치르셨기 때문이다.

하나님은 이렇게 말씀하신다.

기록된 바 내가 지혜 있는 자들의 지혜를 멸하고 총명한 자들의 총명을 폐하리라 하였으니 고전 1:19

죄 사함과 영생을 '공짜로' 선물 받는 것은 우리가 살아가는 일반적인 삶의 양식과 맞지 않는다. 우리는 우리가 받을 만한 것 혹은 기꺼이 그 값을 치른 것만 얻을 수 있다고 믿도록 훈련 받았다. 그런데 완전히 공짜로 선물을 주시는 하나님의 계획은 너무나 불가능해 보이기에, 그분의 제안에 뭔가 조건을 달려고 한다. 그래서 이렇게 말한다.

"내가 무언가를 해야 하나님의 선물을 받을 자격이 충족될 거야."

> 너희는 하나님으로부터 나서 그리스도 예수 안에 있고 예수는 하나님으로부터 나와서 우리에게 지혜와 의로움과 거룩함과 구원함이 되셨으니 **고전 1:30**

중요한 질문을 던지겠다.

"당신이 영생을 얻기 위해 어떤 일을 하지 않더라도 그리스도께서 당신에게 영생을 주실 권위와 능력이 있으신가?"

만약 예수님에게 그럴 만한 능력이나 권위가 없다고 생각한다면, 당신은 하나님의 마음에 들기 위해 무언가 다른 일을 해야만 할 것이다. 그분의 기준에 부합하기 위해 평생 분발해야 한다. 그러나 하나님의 말씀은 당신이 아무리 애써도 하나님이 원하시는 바를 충족시킬 수 없다고 단언한다.

우리는 그(예수 그리스도-편집자 주)를 통하여 은혜를 입어 사도의 직분을 받았습니다. 그것은 우리가 그 이름을 전하여 모든 민족이 믿고 순종하게 하려는 것입니다. **롬 1:5 새번역**

믿음만이 자격을 부여한다

바울은 그 '천만 원짜리 수표'를 몇 장 받고는 무척이나 흥분했다! 그는 온 세상에 이 사실을 알리기로 마음먹었다.

복음에는 하나님의 의가 나타나서 믿음으로 믿음에 이르게 하나니 기록된 바 오직 의인은 믿음으로 말미암아 살리라 함과 같으니라

롬 1:17

바울은 "복음에는 하나님의 의가 나타나서", 즉 하나님이 우리를 준비시키셨다고 말한다. 하나님이 그렇게 하실 때, 당신은 제대로 준비하고 있는가? 더 나아질 여지가 있는가? 당신이 그분 뜻대로 만들어졌다면, 삶이 끝나는 날, 하나님과 대면할 준비가 되어 있는가?

제아무리 노력해도 우리는 선한 사람이 될 수 없다. 선한 행실로 하나님의 은총을 받을 수 있는 사람은 아무도 없다.

그러므로 율법의 행위로 그의 앞에 의롭다 하심을 얻을 육체가 없나

니 율법으로는 죄를 깨달음이니라 **롬 3:20**

무엇이 옳은 것인지 알면 알수록 스스로 얼마나 불의한 존재인지를 더 깨달을 뿐이다. 마음이 교만한 사람만이 스스로 어느 정도 선한 경지에 이르렀다고 느낀다. 하지만 오직 그리스도만이 이타적이며 죄가 없으시다. 당신 안에 계신 그분의 임재만이 역사상 가장 죄 많은 사람보다 당신을 조금 더 낫게 만든다!

그런즉 자랑할 데가 어디냐 있을 수가 없느니라 무슨 법으로냐 행위로냐 아니라 오직 믿음의 법으로니라 그러므로 사람이 의롭다 하심을 얻는 것은 율법의 행위에 있지 않고 믿음으로 되는 줄 우리가 인정하노라 **롬 3:27,28**

바울은 이 믿음의 교리가 절대 새로운 게 아니라고 강조한다. 그는 하나님이 아브라함을 의롭다고 여기신 것은 결코 그의 선한 행실 때문이 아니라 믿음 때문이었다고 말한다.

당시 도덕 기준으로 봐도 아브라함을 선한 사람이라고 생각할 수 없다. 그는 이방 나라에 들어가려 할 때, 그곳 사람들이 자기 재산이나 가축, 아름다운 아내를 빼앗을지도 모른다고 생각했다. 그래서 자신의 안위를 위해 아내 사라를 누이라고 소개했다. 그렇게 하면 사라를 향한 구혼자들이 자기를 죽이거나 위협하는 대신, 호의를 베풀 거로 생각했다. 아니나 다를까, 아브라함이 예상했던 일이 벌어졌다. 사라를 본 왕이 그녀를 아내로 맞길 원했다. 사라는 왕궁으로 보내졌고, 아브라함은 귀한 선물을 받았다.

이후 아브라함이 어떻게 했는가? 아내를 구출할 계획을 세웠는가? 천만의 말씀이다. 그저 자신을 찾아온 행운을 만끽했다. 그래서 결국 하나님이 직접 개입하셔서 그의 속임수를 왕에게 알려주셨다. 당신이라면 아브라함을 교회 성도로 받아들이겠는가? 신중히 생각해 보라.

하나님은 아브라함이 도덕적 기준에 부합한 삶을 살았기 때문이 아니라, 그가 하나님을 믿었기 때문에 받아들이셨다. 아브라함의 믿음이 그에게 필요한 모든 선량함으로 하나님께 받아들여진 것이다. 우리가 보기에는 아브라함이 선하지 않을지 모르지만, 그의 믿음 때문에 하나님이 보시기에는 선했다.

당신은 아브라함이나 다른 누구보다 자신이 더 선하다고 생각할지 모른다. 그러나 하나님이 보시기에 인간의 악함은 절대적이다. 얼마나 선하고 악한가의 정도는 하나님나라에서 우리의 구원이나 쓸모를 결정하지 않는다. 결코 아브라함이 선해서 천국에 갈 수 있었던 게 아니다.

바울이 말했다.

일을 아니할지라도 경건하지 아니한 자를 의롭다 하시는 이를 믿는 자에게는 그의 믿음을 의로 여기시나니 **롬 4:5**

우리는 '하나님 보시기에 선하게' 창조되었다! 당신이 이것을 정말로 믿는다면 그 사실에 흥분하지 않겠는가? 크리스천이 되는 것이 얼마나 간단한지를 다른 이들에게 말하지 않겠는가?

생각해 보라. 당신 주변에는 크리스천이 되려면 매우 착해야 한다고 믿는 사람이 수없이 많다. 그리고 그들은 자신이 절대 착해질 수 없음을 너무나 잘 알고 있다. 이들에게 미래가 얼마나 절박하고 암울하게 보이겠는가. 이들에게 복음이 얼마나 절실한가. 그런데 하나님의 선물은 공짜다!

바울은 또 이렇게 기록했다.

만일 은혜로 된 것이면 행위로 말미암지 않음이니 그렇지 않으면 은혜가 은혜 되지 못하느니라 **롬 11:6**

복음은 어디서든 선포되어야 한다. 그런데도 크리스천은 대부분 복음을 전하는 데 이상하리만치 과묵하다. 당신은 살면서 낯선 사람에게 다가가 버스 정류장이나 피자 가게에 가는 길을 물어본 적이 있는가? 그렇게 하는 게 두려웠는가? 심장이 쿵쾅거리고 혀가 부어오르며 바짝 마르는 기분이 들었는가? 물론 아닐 것이다. 그런데 낯선 사람에게 예수 그리스도께서 그를 위해 하신 일에 대해 말하려 하면, 왜 그런 기분이 들까?

하나님은 우리가 모든 사람과 복음을 나누기를 원하신다. 예수님은 제자들에게 그분이 우리를 위해 하신 일을 온 세상에 전하라고 명하셨다. 그렇다면 누가 이 사실을 비밀로 하고 싶어 할까? 그렇다. 우리 주변을 서성이는 원수다. 그가 애용하는 수법은, 하나님의 공짜 선물에 관한 놀라운 소식을 나누는 일을 '두려워하도록' 만드는 것이다.

그러나 하나님이 우리를 위해 하신 일들을 전적으로 확신한다면, 그분이 거저 주시는 천만 원짜리 수표를 받았다면, 우리는 복음으로 벅차올라 이 기쁜 소식을 담대히 전할 수 있을 것이다.

율법을 지키는 유일한 방법

어떤 사람은 죄를 용서받고 '영생'이라는 공짜 선물을 받았음에도, 하나님으로부터 선한 사람이 될 것을 요구받을까 봐 계속 염려한다.

이와 관련하여 바울은 로마인들에게 편지를 썼다.

그런즉 이 복이 할례자에게냐 혹은 무할례자에게도냐 무릇 우리가 말하기를 아브라함에게는 그 믿음이 의로 여겨졌다 하노라 **롬 4:9**

그는 놀라운 결론을 도출한다. 아브라함은 율법을 지키지 않았다. 이는 아직 율법이 주어지지 않았기 때문이었다!

아브라함이나 그 후손에게 세상의 상속자가 되리라고 하신 언약은 율법으로 말미암은 것이 아니요 오직 믿음의 의로 말미암은 것이니라

롬 4:13

하나님은 우리에게 유산도 약속하셨다. 우리가 선해서가 아니라 하나님을 믿음으로 인해서다. 당신은 하나님의 계획이 훌륭한 해결책이 아니라고 생각할 수 있지만, 이것이 우리 문제에 대한 하나님의 해결책이다.

유대인들은 끊임없이 변명하며 자신이 죄인이 아니라고 우겼다. 많은 크리스천이 유대인들에게 하신 예수님의 대답을 오해한다. 예수님은 하나님의 율법이 그들이 생각하는 것보다 훨씬 더 순결하다고 주장하셨다.

예를 들어, 유대인들은 간음을 저지르지 않았다고 주장했지만, 예수님은 여인을 보고 욕정을 품으면 이미 마음으로 간음한 거라고 말씀하셨다. 예수님은 사람의 마음을 잘 아셨다. 사람이 아무리 죄를 범하지 않으려 해도 죄짓고 싶은 또 다른 마음이 있어서 언제나 이 내적 싸움과 마주한다는 것을.

그래서 예수님이 하시려는 말씀은 무엇일까? 율법을 지키기

위해 더 열심히 노력하라는 걸까? 아니다. 그분이 우리에게 얼마나 필요한지 보여주길 원하실 뿐이다. 예수님의 비유와 가르침 대부분은 구세주의 필요성을 이해시키기 위한 것이다. 그래서 바울은 모든 율법을 지키는 유일한 방법이 '그리스도를 믿는 믿음'이라고 단언한다.

당신이 부단한 노력으로 몸과 마음을 단련하여 실제로 하나님의 율법을 준수하는 데 성공한다 해도, 당신이 성취한 건 아무것도 없다. 예수님은 당신이 모든 율법을 완벽히 지키지 않는 한, 모든 율법을 어기는 잘못을 저지르는 것과 같다고 분명히 말씀하셨다. 이는 당신을 낙심시키려는 게 아니라 '격려'하시려는 것이다! 그분만이 우리를 문제 상황에서 구원하실 수 있다고 말이다.

그리스도는 모든 믿는 자에게 의를 이루기 위하여 율법의 마침이 되시니라 **롬 10:4**

예수님이 당신 삶에 들어오시더라도 당신의 육신은 같을 것이다. 하지만 큰 차이점이 있다.

그런즉 누구든지 그리스도 안에 있으면 새로운 피조물이라 이전 것은 지나갔으니 보라 새것이 되었도다 **고후 5:17**

이전과 다를 바 없어 보이지만, 결코 이전과 같지 않다.

성령님을 통해 예수님이 당신 안에 거하시므로 당신은 내적으로 새로운 영적 존재가 된다. 당신의 늙은 몸은 언젠가 죽겠지만, 당신의 영은 결코 죽지 않는다. 그리스도와 함께 영원히 살 것이다.

예수 그리스도를 믿음으로

나는 수많은 교인에게 천국에 가려면 무엇을 해야 하는지를 물어보았다. 미국에서 가장 보수적으로 성경을 믿는 여러 교회에서 질문했는데, 같은 대답만 연거푸 들었다. 99퍼센트가 반드시 해야 하는 것들에 관해 말했다. 십계명을 지키고, 교회에 가고, 헌금을 하고, 이웃을 업신여기지 말아야 한다는 등, 그들이 애쓰고 있는 항목들을 끝없이 나열했다.

교회에 다니는 사람들은 "구원이 우리의 행동에 달려 있다"라는 거짓말을 듣고 믿어왔다. 그러니 복음 전파가 더딘 것도 당연하다. 교회에서 십 원짜리 동전을 받은 뒤 세상에 나가 외치고 싶은 사람이 누가 있겠는가!

당신은 아직도 하나님이 당신에게 십 원짜리 선물을 주셨다고 생각하는가? 하나님의 축복을 받으려면 믿음에 더하여 무언가를 해야 한다고 말이다.

바울은 말한다.

> 만일 율법에 속한 자들이 상속자이면 믿음은 헛것이 되고 약속은 파기되었느니라 율법은 진노를 이루게 하나니 율법이 없는 곳에는 범법도 없느니라 롬 4:14,15

이 말은, 착하게 살고 하나님의 율법을 지키려 노력하는 우리에게 그분이 화를 내신다는 의미인가? 물론 아니다. 하나님은 우리가 왜 그분의 율법을 지키려 애쓰는지 아시기 때문에 진노하신다. 율법을 안 지켰을 때 그분이 우리를 벌하실까 두려워서 지키려 애쓴다면, 그 노력은 쓸모없다. 또 하나님의 축복을 받기 위해 지키려 애쓰는 것도 헛수고다.

그렇다면 왜 우리는 착한 일을 하려고 힘써야 하는가? 어차피 구원이 거저 주어지는 선물이라면, 멋대로 살아도 되지 않을까? 물론, 이건 말도 안 된다. 우리는 선행을 해야 한다. 왜냐하면 우리가 하나님을 사랑하고 그분을 기쁘시게 하길 원하기 때문이다.

하나님의 놀라운 선물이 무엇인지 완전히 이해한다면, 우리는 그분을 사랑함으로써 그분의 사랑에 응답할 것이다. 그러나 하나님의 환심을 사기 위해 선행해야 한다는 생각에 집착한다면, 당신은 하나님을 사랑하는 법을 결코 깨닫지 못할 것이다. 그러면 이 '천만 원짜리 수표'에도 절대 흥분하지 않을 것이다.

유일한 조건은 '예수 그리스도를 믿음으로'다. 스스로 '난 아주 착해'라거나 '이 정도면 괜찮지'라고 믿는 것과는 정반대의 믿음이다. 예수 그리스도는 우리를 위해 무엇을 하셨는가?

이 예수를 하나님이 그의 피로써 믿음으로 말미암는 화목제물로 세우셨으니 이는 하나님께서 길이 참으시는 중에 전에 지은 죄를 간과하심으로 자기의 의로우심을 나타내려 하심이니 **롬 3:25**

두 요소 모두 매우 중요하다. 둘 중 하나만으로는 제대로 기능하지 못한다. 그리스도가 행위를 보이셨지만, 우리가 믿음으로 응답하지 않는다면 아무 의미가 없다. 만일 '행위'에 얽매인다면 결코 자유롭게 믿을 수 없을 것이다.

예수는 우리가 범죄한 것 때문에 내줌이 되고 또한 우리를 의롭다 하시기 위하여 살아나셨느니라 **롬 4:25**

이는 죄가 사망 안에서 왕 노릇 한 것같이 은혜도 또한 의로 말미암

아 왕 노릇 하여 우리 주 예수 그리스도로 말미암아 영생에 이르게 하려 함이라 **롬 5:21**

우리는 하나님의 '은혜를 받느냐', '공정한 심판을 받느냐' 사이에서 둘 중 하나를 반드시 선택해야 한다. 우리에게는 대가 없이 '영생'이라는 선물이 주어졌다. 그렇지 않으면 우리가 받을 것은 죽음뿐이다.

구원의 선물, 하나님의 사랑을 받으라

내가 군종장교로 사역하던 베트남의 한 병원의 젊고 매력적인 육군 간호사가 기억난다. 그녀가 처음 병원에 왔을 때는 생명력과 활기 가득한 모습이었지만, 이내 얼굴에서 미소가 사라져 갔다. 그녀는 심각한 부상으로 고통스러워하며 전장에서 돌아오는 병사들을 보는 걸 견디지 못했고, 종종 내 사무실에 찾아와 자신의 그런 기분을 털어놓곤 했다.

어느 날, 그녀가 내게 물었다.

"목사님은 어떻게 하나님이 이 병사들을 사랑한다고 말씀하실 수 있나요? 이들을 이런 고통 가운데 두시는 분을요!"

내가 대답했다.

"당신이 환자들을 걱정하고 생각하는 마음을 하나님께 기도드리고, 그분이 그들을 도우시도록 한다면 훨씬 쉬울 겁니다.

하나님은 부상 당한 이들을 당신과 나보다 더 많이 사랑하시니까요."

간호사는 고개를 가로저었다.

"못 하겠어요, 나중이라면 모르겠지만 지금은 안 되겠어요. 고통을 바라보기가 너무 괴롭습니다. 이 상황에 대해 도저히 하나님께 감사할 수가 없어요…."

그러고는 내 사무실을 찾는 횟수가 점점 뜸해졌다. 한때 밝게 빛나던 두 눈이 흐리멍덩해진 걸 보고, 나는 그녀가 우울증 약을 먹고 있다고 짐작했다. 그녀는 주변에서 일어나는 일에 더 이상 반응하지 않는 듯했다. 이후 다른 곳으로 전출되어 더는 그녀의 소식을 들을 수 없었다.

그러던 어느 날, 중서부의 한 주립 여자교도소에서 편지 한 통이 왔다.

베트남 병원에서 목사님을 만난 이후 잘못된 방향으로 멀리 와버렸습니다. 그러면서 괜찮았던 제 모습을 잃어버린 것 같아요. 베트남에서 돌아온 후 마음의 평안을 잃고 방황하기 시작했어요. 이 모든 일의 발단은 그 병원에서 젊은 병사들이 헛되이 죽거나 불구가 되는 모습을 지켜보면서부터였어요.

하나님을 원망했습니다. 그러면서 저 자신을 그분에게서 끊어냈고, 스스로를 망가뜨렸음을 이제야 깨달았어요. 더 이상 그 누구에게도, 그 무엇에도 반응하지 않습니다. 그저 아무 느낌 없는 공허 가운데 죽지 못해 살고 있지요.

저도 하나님이 해답임을 압니다. 이런 생각과 오랫동안 싸워왔지만, 이제 알았습니다. 오래전부터 목사님에게 편지를 쓰고 싶었지만 부끄러웠어요. 사무실에서 목사님과 이야기하는 것만으로도 기분이 나아졌던 기억이 납니다. 그때는 목사님의 대답을 받아들이고 싶지 않았지요. 너무 늦은 게 아니면 좋겠습니다. 저를 위해 기도해 주세요.

그녀는 하나님이 건네신 선물을 외면했고, 이제야 그 대가를 인정했다. 하지만 그녀가 견뎠을 고통을 생각해 보라.

영생이라는 선물을 받는 건 당신이 할 수 있는 가장 쉬운 일 가운데 하나다! 어려울 게 없다. 똑똑할 필요도 없다. 어린아이도 할 수 있는 일이다.

바울이 말했다.

그러면 무엇을 말하느냐 말씀이 네게 가까워 네 입에 있으며 네 마음에 있다 하였으니 곧 우리가 전파하는 믿음의 말씀이라 네가 만일 네 입으로 예수를 주로 시인하며 또 하나님께서 그를 죽은 자 가운데서 살리신 것을 네 마음에 믿으면 구원을 받으리라 **롬 10:8,9**

그런데 사람들은 왜 주저할까? 무엇을 두려워할까? 젊은 간호사는 전쟁터에서 젊은 병사들이 죽거나 불구가 되도록 내버려 두시는 하나님께 자신을 맡기는 게 두려웠다. 하나님의 사랑을 신뢰하지 못한 것이다.

> 사랑 안에 두려움이 없고 온전한 사랑이 두려움을 내쫓나니 두려움에는 형벌이 있음이라 두려워하는 자는 사랑 안에서 온전히 이루지 못하였느니라 **요일 4:18**

하나님은 '사랑'이시다. 그분이 하시는 모든 일은 '행동하는 사랑'이다. 하지만 우리는 사랑을 매우 제한적으로 정의한다. 우리는 흔히 인간의 사랑에 상처받고 실망한다. 인간의 사랑은 내가 잘할 때만 나를 인정하고 나에게 보상하며, 잘못할 때는 나를 벌하고 거부한다. 그러나 하나님의 사랑은 전혀 다르다.

헬라어 신약성경에는 우리가 단순히 "사랑"으로 번역하는 두 단어가 나온다. 하나는 친구 간의 우정이나 형제간의 사랑을 가리키는 '필리아'(philia)다. 이는 '깊고 본능적이며 사사로운 애정'을 뜻한다.

다른 하나는 하나님의 사랑을 가리키는 '아가페'(agape)로 '논리적이고 의도적이며 계획적이고 영적인 헌신', '기분이나 감정에서 비롯되지 않은 의도적인 사랑의 행위'를 의미한다. 이는 사랑받는 이가 얼마나 사랑스럽고, 사랑받을 만한지에 의존하지 않기에 절대 변하지 않고 언제나 의지할 수 있다. 바울은 부부가 서로 이런 사랑을 해야 한다고 말하는데, 이 단어는 우리를 향한 하나님의 사랑을 표현할 때도 사용된다.

하나님은 우리를 그렇게 사랑하신다. 우리가 그분을 거부하거나 불순종하거나 못되게 굴어도 사랑하신다. 우리 인생이 엉망진창이 됐어도 언제나 우리를 사랑으로 받아들이시며 우리의 죄를 용서하신다. 또 그분의 기쁨과 평안으로 우리를 채워주실 준비가 항상 되어 있으시다.

'하나님의 사랑'이라는 공짜 선물은 그리스도 예수 안에 있는 영생이며, 우리의 입과 심장만큼이나 우리 가까이에 있다. 우리는 그저 예수님이 우리를 위해 하신 일을 받아들이고, 그분이 살아 계신 것을 마음으로 믿으며 이 사실을 다른 사람에게 전하면 된다. 매우 단순하지만, 어떤 사람은 그 선물의 의미를 다 알면서도 머뭇거린다.

거듭났는가?

신앙심이 깊었던 유대인 니고데모는 어느 날 밤, 예수님을 찾아와 어떻게 해야 하나님나라에 들어갈 수 있는지를 물었다. 그는 예수님이 하나님의 보내심을 받았으며, 그 답을 알고 계신다고 생각했다.

예수께서 대답하여 이르시되 진실로 진실로 네게 이르노니 사람이 거듭나지 아니하면 하나님의 나라를 볼 수 없느니라 니고데모가 이르되 사람이 늙으면 어떻게 날 수 있사옵나이까 두 번째 모태에 들어갔다가 날 수 있사옵나이까 예수께서 대답하시되 진실로 진실로 네게 이르노니 사람이 물과 성령으로 나지 아니하면 하나님의 나라에 들어갈 수 없느니라 육으로 난 것은 육이요 영으로 난 것은 영이니

요 3:3-6

니고데모는 예수님이 어떤 분인지 알았지만, 그것만으로는 충분하지 않았다. 우리가 아는 것을 바탕으로 행동하고, 예수 그리스도를 우리 삶 가운데 모셔서 개인의 구세주로 영접하는 것 또한 필요하다.

예수님이 삶에 들어오시면, 우리는 성령님을 통해 영적으로 거듭난다. 영으로만 하나님과 소통할 수 있기에 하나님을 아는 능력을 갖추기 위해서는 반드시 거듭나야 한다. 거듭나지 못하면 영적으로 여전히 죽은 상태에 머물러 있게 된다.

바울은 말한다.

내가 그리스도와 함께 십자가에 못 박혔나니 그런즉 이제는 내가 사는 것이 아니요 오직 내 안에 그리스도께서 사시는 것이라 이제 내가 육체 가운데 사는 것은 나를 사랑하사 나를 위하여 자기 자신을 버

리신 하나님의 아들을 믿는 믿음 안에서 사는 것이라 **갈 2:20**

그는 고린도 교인들에게 말한다.

너희는 믿음 안에 있는가 너희 자신을 시험하고 너희 자신을 확증하라 예수 그리스도께서 너희 안에 계신 줄을 너희가 스스로 알지 못하느냐 그렇지 않으면 너희는 버림 받은 자니라 **고후 13:5**

당신은 정말로 크리스천인가? 거듭났는가? 오늘날 교회에도 니고데모 같은 사람이 많다. 그들은 매일 시간을 내서 말씀을 읽고, 기도하고, 성경 공부와 기도 모임에 참석하며, 교회학교에서 말씀을 가르친다. 그중에는 심지어 설교자도 있다. 그들은 어릴 때부터 교회에 다녔을 수도 있고, 스스로 감리교, 장로교, 루터교, 가톨릭교, 오순절, 침례교 혹은 어디가 됐건 자신이 속한 교단의 '모태신앙' 교인이라 불린다.

그들은 기독교의 모든 걸 알고 있다. 예수님이 자신의 죄를 위해 돌아가신 하나님의 아들이란 사실을 안다. 그러나 그들은 예수님이 다시 사신 것은 알지만, 자기 삶을 그분께 드리거나 자기 마음에 주님을 구세주로 모셔본 적이 없다. 많은 사람이 삶 가운데서 그리스도를 경험하지 못한 채, 꼬박꼬박 예배에 참석하고 기독교의 외형적인 모든 형식을 거치고 있다.

구원과 영생이라는 선물은 완전히 공짜다. 그것을 얻거나 받을 만한 자격을 갖추기 위해 당신이 해야 할 일이 '없다.' 하지만 '반드시 받아야만' 당신 것이 될 수 있다. 하나님은 우리에게 그분이 얼마나 필요한지 보여주시기 위해 정성스레 환경을 마련하시고, 우리를 이끄시기 위해 손을 내미신다.

기도로 끊어진 중독의 사슬

한번은 한 크리스천 하사가 자기 소대 소속 병사를 내게 데려왔다. 그 병사는 마약 사용 및 거래 혐의로 불명예제대와 징역형을 앞두고 있었다. 십 대 초반부터 마약 중독이었고, 군대에서 보낸 시간이 상황을 더욱 악화시켰다. 그는 마치 껌을 사고팔듯 마약을 구할 수 있는 베트남에서 복무했다.

"저는 엉망진창으로 살았어요. 되돌리기엔 너무 늦었습니다."

그의 눈빛은 어둡고 절박했다.

"하나님은 어떠실까요? 그분에게는 당신을 변화시킬 능력이 있으십니다."

내가 말하자, 병사가 어깨를 으쓱했다.

"하나님이 그러실 필요가 있나요? 저는 그분을 위해 아무것도 한 게 없는데요."

"하나님은 당신을 사랑하십니다. 그래서 당신이 저지른 모든 죄에 대한 처벌을 대신 받도록 예수님을 보내셨어요. 하나님은 당신을 고치실 수 있습니다."

병사는 여전히 침울해 보였다.

"예수님 얘기는 들어봤습니다. 그분께 나의 구세주가 되어달라고 부탁하고 싶지만, 지금 그게 무슨 소용이 있을까요. 아무리 애써도 마약을 끊을 수가 없어요. 마약중독자로 너무 오랫동안 살았습니다."

나는 확신에 차서 말했다.

"하나님은 당신을 고치실 수 있습니다! 마약보다 하나님이 훨씬 강하시다고 생각해 본 적은 없나요?"

그는 의심스러운 표정이었다.

"하나님을 한번 믿어보겠습니까?"

내가 묻자, 그가 고개를 끄덕이며 말했다.

"뭐든 해봐야죠. 저는 제가 있는 이 지옥에서 빠져나오고 싶습니다."

"그렇다면 바로 지금부터 몇 분간 하나님이 당신을 위해 하실 일에 대해 감사하세요. 그리고 당신이 이 자리에 오기까지 삶에 일어났던 모든 일을 하나님께 감사하세요."

"저기, 잠깐만요!"

병사는 혼란스러운 것 같았다.

"제 삶의 모든 일이라면, 마약중독자가 된 것까지 감사해야 한다는 말인가요?"

"당신이 지금 하나님 앞에 오게 된 것도 마약 중독 때문 아닌가요? 만약 하나님이 당신을 용서하시고, 치유하시고, 예수님과 함께하는 완전히 새로운 영생을 주신다면, 당신에게 하나님이 필요하다는 사실을 알게 해준 모든 것에 대해 그분께 감사할 수 있지 않을까요!"

그의 눈에는 의심의 어두운 기운이 역력했다.

"내가 당신을 위해 기도해도 될까요?"

병사는 고개를 끄덕였다. 나는 두 손을 그의 머리에 얹고 기도하기 시작했다.

"하늘에 계신 아버지, 이 병사를 사랑하셔서 하나님 앞으로 불러주시니 감사합니다. 이제 성령님을 보내셔서 이 병사를 그리스도께로 이끄시기 위해 그의 삶이 어둡고 외로웠던 모든 순간 가운데 하나님이 역사하셨음을 그가 믿을 수 있도록 도와주십시오."

내가 기도를 마치자, 병사의 눈이 새로운 빛으로 빛났다.

"정말 이상합니다. 왠지 모르지만 제게 일어난 나쁜 일을 하나님이 모두 가져가시고, 이제는 좋은 일을 하고 계신다는 게 정말로 믿어집니다."

그는 눈물을 글썽이며 다시 고개를 숙이더니 이번에는 방황했던 자신을 용서해 달라고 하나님께 간구하며, 오셔서 자기 삶을 받아달라고 스스로 기도했다.

나는 그의 머리 위에 다시 두 손을 얹고 그를 치유해 주시기를, 그의 마음에서 마약을 향한 모든 욕망이 사라지고 대신 그 안에 하나님의 사랑을 충만하게 부어주시기를 기도했다.

그에게 어떤 힘이 흘러 들어가는 걸 느꼈다. 그의 얼굴은 어린아이처럼 환해졌고, 눈물이 두 뺨을 타고 흘러내렸다.

"정말 그렇게 됐습니다! 더 이상 마약이 필요 없습니다. 예수님이 제 안에 계십니다!"

그가 거듭나는 순간이었다. 그는 이제 예전과 같지 않을 것이다. 예수님의 임재하심을 느꼈기 때문만이 아니라, 하나님을 믿기로 결심했기에 그는 다시 태어났다.

기분과 확신

하나님과의 관계가 기분에 좌우된다면, 그건 우리의 선택이 아닐 것이다. 우리는 기분을 선택할 수 없다. 하지만 신뢰하고 믿고 신앙을 갖기로 선택할 수는 있다.

성경은 우리가 '믿음으로' 구원받는다고 말씀한다. 그러나 대부분은 믿음에 대해 매우 왜곡된 생각을 하고 있다. "믿음이 없어요"라고 말하는 진짜 속내는 "확신이 느껴지지 않아요"다. 그러나 믿음과 느낌은 다르다.

믿음은 바라는 것들의 실상이요 보이지 않는 것들의 증거니 히 11:1

믿음은 감정이나 기분, 감각에서 비롯하지 않는다. 의지의 문제다. 믿음으로 구원을 얻는다는 건 감정이나 기분이 아니라, 의지적 행동으로 예수 그리스도가 우리의 구세주이심을 받아들인다는 뜻이다. 감각으로 확인할 수 없는 것을 진리라고 믿기로 결심하는 것이다.

그래서 믿음으로 거듭났고, 믿음으로 구원받았다는 건 우리가 그리스도를 마음속에 받아들였을 때 이루어진 하나님의 약속을 받아들인다는 의미다. 구원받은 느낌이나 거듭난 느낌이 들진 않아도, 구원받았다는 사실은 변하지 않는다.

앞서 우리의 이해력이 얼마나 쉽게 믿음의 걸림돌이 될 수 있는지를 말했다. 믿음을 기분으로 측정하려는 시도 역시 위험하다. 오랫동안 우리는 기분과 사실을 혼동하며 기분이 곧 상태라고 생각해 왔다. 아픈 것 같다고 느낄 때, 자신이 틀림없이 아픈 상태일 거로 생각하는 것처럼 말이다.

그러나 기분은 언제든 바뀔 수 있다. 날씨나 식습관, 수면 습관 혹은 회사 상사의 기분에 영향을 받기도 한다. 그래서 '느낌'은 현실을 제대로 평가하지 못한다. 기분이나 감정으로 하나님과의 관계를 시험하려 하면 곤경에 빠진다.

예수님이 말씀하신다.

그러므로 내가 너희에게 말하노니 무엇이든지 기도하고 구하는 것은 기분에 따라 결과를 측정하겠다고 고집을 부리면, 믿음의 기도를 할 수 없다. 성경에 있는 하나님의 진리가 종종 기분과는 정반대로 행동해야 한다고 말씀하는 걸 발견한다.

예수님은 "원수를 사랑하라"라고 말씀하셨다. 우리가 원수를 볼 때 어떤 기분이 들지 그분이 모르시겠는가. 당연히 아신다. 하지만 더 이상 기분이 우리를 좌지우지하도록 내버려 두지 말라고 말씀하신다. 우리에게는 원수까지도 사랑하기로 선택할 자유가 있다!

감정, 감각, 지성, 느낌이 우리에게 말하려는 것과는 무관하게 하나님의 말씀을 사실로 받아들일 자유 또한 있다. 예수 그리스도 안에서의 새로운 삶은 믿음의 삶이다. 감정과 지성과 감각의 독선으로부터 자유로운 삶이다. 더 이상 그런 것들에 집중할 필요가 없다!

성경은 우리가 믿음으로 구원을 얻고, 믿음으로 치유되고, 믿음으로 의로워지고, 믿음으로 보호받고, 믿음 안에서 걷고, 믿음 안에 서고, 믿음으로 살고, 믿음으로 하나님의 약속을 받고, 믿음으로 부요하고, 믿음으로 기도하고, 믿음으로 세상을 이기고, 믿음으로 하나님을 찬양할 수 있다고 말씀한다.

우리가 가진 구원의 경험은 그것을 믿음으로 받아들일 때, 기정사실이 된다. 하나님은 우리의 기분이 아니라 우리가 내리는 결정을 살피신다. 기분이 끔찍할 수도 있지만, 우리가 믿음으로 그리스도를 받아들이면, 하나님은 관계가 맺어진 것으로 여기신다.

당신이 하나님께 헌신한 다음 곧바로 무언가를 느끼든 못 느끼든 차이는 없다. 당신의 의지로 그분께 복종할 때, 하나님은 당신을 받아들이시고, 당신은 성령님을 통해 거듭난다.

사람들이 나를 찾아와 "아, 오늘 예수님이 저를 어루만져 주신 것을 알아요. 그걸 느꼈거든요"라고 말하면 매우 염려스럽다. 그들은 꼭 나중에 다시 찾아와 이렇게 말한다.

"제가 구원을 받았는지 더 이상 확신이 없습니다. 하나님의 임재하심이 느껴지지 않아요."

'하나님의 임재하심'이라는 놀라운 경험을 했다면 하나님을 찬양하라. 그러나 믿음이 느낌에 의존해서는 안 된다. 감정적인 경험을, 구원을 시험하는 도구로 삼는 크리스천은 언제나 의심으로 고통받는다.

진리 위에 믿음을 세우고

한 여성이 편지를 보내왔다.

몇 년 전, 예수께 제 삶을 드렸습니다. 하지만 아무 일도 일어나지 않앉죠. 아무것도 느낄 수 없었고, 시간이 지날수록 희망은 사라졌어요. 예수님을 위해 살기로 했던 약속을 지키려는 노력도 그만두었습니다. 이후로 제 삶은 견딜 수 없게 되어버렸지요. 우울증이 심해서 결혼 생활을 망칠까 봐 두렵습니다. … 《감옥에서 찬송으로》를 읽고 나서, 제가 느끼는 이 감정이 그리스도를 향한 깊은 갈망인 걸 알았어요. 저는 용서를 구하는 기도를 드렸고, 예수님을 위해 다시 헌신하고 싶었습니다. 예수 그리스도를 저의 구세주로 받아들이고, 정말로 하나님나라의 일부가 되길 원합니다. 아직은 큰 차이를 느끼지 못합니다. … 제발 저를 위해 기도해 주세요. 더 이상 이런 기분으로 살 수는 없습니다.

연방 교도소에 수감 중인 한 젊은이도 편지를 보내왔다.

저는 온 마음 다해 예수 그리스도를 믿습니다. 이 년 전에 예수님을 구세주로 영접했습니다. 그건 진심이었고, 이틀 동안은 기분이 정말 좋았어요. 그러고 나서 곧바로 옛날 모습으로 되돌아갔지요. 이후로도 똑같은 기쁨을 느끼긴 했지만, 오래 지속되지는 않았어요. 하나님을 섬기고 싶지만, 그분을 찾을 수가 없습니다.
《감옥에서 찬송으로》를 읽고 목사님이 쓰신 내용이 제게도 필요함을 알았습니다. 그런데 그걸 어떻게 찾을 수 있을까요? 혹시나 제가 간절하게 원하지 않는다고 생각하시나요? 어떻게 해야 제가 더 원하게 될까요?

저는 난장판 같은 인생을 살았습니다. 제 삶은 아무 의미가 없습니다. 성경 수업도 많이 들었지만, 아무 성과도 없는 것 같고요. 정말 간절히 그리스도를 찾고 싶습니다. 이제 곧 출소할 텐데, 예수님의 사랑을 품고 세상에 나가고 싶습니다. 제가 예수님을 찾을 수 있도록, 그분이 성경에 약속하신 그 기쁨을 제가 경험할 수 있도록 기도해 주십시오.

나는 이런 편지를 수백 통씩 받고, 어디를 가든 자신이 정말로 예수님을 만났는지 잘 모르겠다고 말하는 사람들을 만난다. 그들이 의심하는 이유는 한결같다.

"아무것도 느껴지지 않아요."

그들은 감정의 포로이며, 하나님의 말씀보다 자신의 느낌을 더 믿는다. 우리 자신을 예수께 드리면, 그분은 우리에 대해 말씀하신다.

내가 그들에게 영생을 주노니 영원히 멸망하지 아니할 것이요 또 그들을 내 손에서 빼앗을 자가 없느니라 요 10:28

그렇다면 우리를 혼란스럽게 만드는 이 느낌을 어떻게 이겨내야 할까?

바울은 말한다.

만일 너희가 믿음에 거하고 터 위에 굳게 서서 너희 들은 바 복음의
소망에서 흔들리지 아니하면 그리하리라 이 복음은 천하 만민에게 전
파된 바요 나 바울은 이 복음의 일꾼이 되었노라 골 1:23

의심과 느낌이 믿음을 공격할 때, 하나님은 우리에게 하나님
의 말씀 위에 굳게 서라고 말씀하신다.

내가 아는 한 부인은 이를 실천하는 아주 구체적인 방법을 갖
고 있다. 의심이 들면, 그 문제에 대해 진리를 말씀하는 성경 구
절을 찾아 종이에 옮겨 적은 다음, 그 구절을 인용하여 자신에
말한다.

부인은 좌절감에 빠질 때, 이런 생각을 하곤 했다.

'예수 그리스도를 구세주로 받아들였을 때, 하나님이 내 기도
를 들으셨다는 걸 확신하는가?'

이내 부인은 성경을 펼쳐 이 구절을 발견했다.

그를 향하여 우리가 가진 바 담대함이 이것이니 그의 뜻대로 무엇을
구하면 들으심이라 우리가 무엇이든지 구하는 바를 들으시는 줄을
안즉 우리가 그에게 구한 그것을 얻은 줄을 또한 아느니라 요일 5:14,15

그녀는 이 말씀을 받아 적은 다음, 이렇게 썼다.

1969년 1월 14일, 예수께 내 죄를 고백하고, 내 삶에 오셔서 구세주와 주님이 되어달라고 간구했다. 나는 그것이 이루어진 걸 안다. 왜냐면 이 간구가 내 삶을 향한 하나님의 계획과 뜻에 일치하기 때문이다.

부인은 침실 거울 옆에 그 종이를 놓고 의심이 생길 때마다 큰 소리로 말했다.

"그렇습니다. 내가 거듭난 것과 하나님이 나를 받아주신 것을 압니다. 그날 제가 하나님의 아들을 구세주로 영접했기 때문입니다. 다시는 그 사실을 의심할 필요가 없습니다."

또 이미 하나님께 고백한 죄에 대해 죄책감이 들면, 자신이 정말로 죄 사함을 받았는지 의심하고픈 유혹이 찾아왔지만, 그녀는 곧장 성경 구절을 찾아서 적었다.

만일 우리가 우리 죄를 자백하면 그는 미쁘시고 의로우사 우리 죄를 사하시며 우리를 모든 불의에서 깨끗하게 하실 것이요 **요일 1:9**

부인은 그 밑에 자신이 고백한 죄와 날짜, 그리고 "할렐루야! 죄 사함을 받았다!"라고 적었다. 그녀의 의심은 서서히 완전히 사라졌다. 이처럼 하나님의 약속이 담긴 성경 말씀과 함께 기도 내용을 날짜별로 기록하면 의심과 감정을 이겨낼 수 있다.

오랫동안 크리스천으로 살아왔으면서도 여전히 구원에 대해 의심이 든다면, 그 의심과 감정이 당신을 더 이상 기만하게 놔두지 말라. 지금 당장 구속함을 받고, 오늘 날짜와 함께 기록으로 남겨라. 어떤 사람은 자신에게 일어난 중요한 영적 사건들을 성경책에 기록하기도 한다.

크리스천의 삶은 끝없는 믿음의 여정이다. 지금까지 걸어온 길에 대해 기록을 남기는 건 좋은 생각이다. 그것은 우리가 꼼짝도 못 하겠다고 느꼈던 힘겨운 날들을 상기시키는 중요한 역할을 할 것이다. 돌이켜보면, 하나님이 우리를 인도하셨기에 우리가 그분을 찬양하고 감사할 수 있었다.

믿음은 느낌이 아니라 하나님의 진리 위에 세워져야 한다. 하나님은 우리가 믿음 생활을 지속하는 동안, 그분이 주시는 기쁨과 평안을 삶 속에서 점점 더 많이 경험할 거라고 약속하신다. 그런 경험을 하게 된다면 기뻐하라. 그러나 무미건조하고 공허한 기분이 들어도 역시 기뻐하라.

당신의 구원은 엄연한 사실이다. 의지력의 스위치를 하나님께로 누르고 이렇게 말하라.

"하나님, 제가 기꺼이 믿겠습니다. 저는 하나님의 말씀 위에 서 있습니다."

그리고 감정에 의존했던 오랜 습관이 서서히 사라지는 걸 경험하라. 당신은 자유롭게 믿게 될 것이다!

진리를 알지니 진리가 너희를 자유롭게 하리라 **요 8:32**

하나님의 말씀을 진리로 받아들여라. 그러면 자유로워질 것
이다!

03

끝이 없는 능력

그분 앞에서 우리는 거룩해진다

예수님을 완전히 신뢰하면 실제로 어떤 일이 벌어질까?

> 찬송하리로다 하나님 곧 우리 주 예수 그리스도의 아버지께서 그리
> 스도 안에서 하늘에 속한 모든 신령한 복을 우리에게 주시되 엡 1:3

우리는 그리스도께 속한 하나님의 자녀다. 하나님나라에 들어갔고, 그분의 자녀에게 주어지는 모든 능력과 특권과 책임을 부여받았다. 하늘에 계신 아버지 하나님이 우리를 위해 예비하신 모든 것(천국의 모든 축복)을 보라. 이는 우리가 그럴 만한 가치가 있어서가 아니라 우리가 그리스도께 속해 있기에 받는 것이다!

갓난아기는 스스로 애써 자라지 않는다. 매일 보살핌을 받으려고 착하게 굴 필요도 없다. 그저 '자녀'이기 때문에 엄마와 아

빠는 아기를 먹이고, 입히고, 사랑하고, 보살핀다. 부모는 아기에게 필요한 걸 다 알고 제공한다. 그로써 아기는 잘 먹고 적절한 휴식과 운동을 하면 별다른 노력을 기울이지 않아도 자연스럽게 성장한다.

만일 아기가 먹고 자기를 거부하면서 엄마에게 이렇게 말한다면 어떨까?

"엄마, 전 아직 준비가 덜 되었어요. 지금 크려고 무지 애쓰고 있으니까요, 열심히 노력해서 십 센티미터쯤 더 자라면, 그때 밥을 먹을게요."

많은 크리스천이 이런 행동을 한다. 하나님은 우리의 성장에 필요한 전부(음식, 휴식, 사랑, 보살핌)를 준비하셨다. 하지만 우리는 한쪽 구석에서 성장하려고 아등바등 애쓰며, 그런 것들을 받을 만한 자격을 갖추려 한다. 그러나 하나님은 당신과 내가 태어나기 한참 전부터 우리를 위해 이런 것들을 준비하기로 마음먹으셨다.

곧 창세 전에 그리스도 안에서 우리를 택하사 우리로 사랑 안에서 그 앞에 거룩하고 흠이 없게 하시려고 엡 1:4

잠깐! 하나님이 거룩하게 하신 이가 누구인가? 그런 사람을 본 일이 있는가? 그렇지 못하다면, 하나님이 그분의 계획을 실행하지 못하셨다고 느끼는가? 당신을 향한 하나님의 계획은 시작되었는가?

좀 더 읽어보자.

"흠이 없게 하시려고."

하나님이 크리스천들을 흠이 없게 하겠다고 결정하시고도 당신이 아는 모든 사람에 대해 어떻게 그토록 처참하게 실패하실수 있는가?

그런데 이런 전제가 붙는다.

"그 앞에."

하나님은 그분 앞에서 우리를 거룩하고 흠이 없게 하셨다. 우리를 위해 큰일을 하셨다. 그분 앞에서 우리는 변화된다. 하나님은 우리를 다른 눈으로 보신다. 그분께만 새 사람을 볼 능력이 있으시다. 누가 하나님의 눈으로 볼 수 있는가? 하나님뿐이시다. 그분은 스스로 영광과 찬양을 받으시기 위해 새 피조물을 만드셨다.

다른 사람들은 당신을 볼 때, 이전과 같은 모습을 볼 것이다. 그들은 하나님이 아니다. 당신이 거울을 보더라도 자신이 거룩하거나 흠이 없다고 확신할 수 없을 것이다. 하지만 잊지 말라. 당신은 하나님이 아니다.

당신은 하나님이 그분이 원하는 걸 보지 못하신다고 감히 말할 수 있는가? 또한 당신 스스로 거룩하다고 여기겠는가, 아니면 하나님이 당신을 거룩하게 보시기를 바라겠는가?

많은 크리스천이 자신을 '거룩함'이라는 틀에 집어넣으려 애쓴다. 스스로 그렇게 해야만 한다고 생각하기 때문이다. 그러니 실패할 수밖에 없고, 실패하면 낙심의 고통에 압도된다. 나는 전국을 다니며 그런 성도들의 불행한 얼굴을 보았고, 실패담을 너무나 자주 들은 탓에 그들이 입을 열기도 전에 무슨 말을 할지 다 알 지경이다.

모든 걸 덮는 사랑

하나님은 어떻게 그분 앞에서 우리가 거룩하게 보일 만큼 멋진 일을 행하셨는가?

바울은 말한다.

> 곧 창세 전에 그리스도 안에서 우리를 택하사 우리로 사랑 안에서 그 앞에 거룩하고 흠이 없게 하시려고 **엡 1:4**

바로 당신을 포근하게 덮는 사랑으로! 하나님은 사랑으로 우리를 덮으시고 한 발짝 물러나 바라보신다. 누구를? 그분이 사랑하시는 자를! 다른 사람들도 당신을 보고, 당신도 자기 자신을 보겠지만, 하나님은 그분이 사랑하시는 자를 보신다. 이 사실만으로도 마음속에 기쁨의 종이 울리고, 당신 삶을 감사와 찬양으로 바꾸기에 충분하지 않은가!

하나님은 왜 우리를 위해 그런 놀라운 일을 하셨는가?

그 기쁘신 뜻대로 우리를 예정하사 예수 그리스도로 말미암아 자기의 아들들이 되게 하셨으니 엡 1:5

바울은 매우 객관적으로 말했다. 하나님은 그 사랑으로 우리를 감싸길 원하셨다. 하나님께는 그분이 원하시면 무엇이든 우리에게 주실 수 있는 권위와 능력이 있으시다. 천국의 모든 축복도! 수천만 원짜리 선물도! 이를 믿는가?

하나님이 그렇게 하기로 정하신 이유는 무엇인가? 나는 그것이 하나님 스스로 그분의 역사하심을 완전하게 하는 유일한 길이었다고 믿는다. 만약 하나님께서 당신과 내가 의롭게 사랑을 베풀길 기대하셨다면, 그분의 아들에게 나타내 보이실 일이 없었을 것이다. 최종 결과물은 사람의 영광이 아닌 '하나님의 영광'을 위한 것이어야만 했다.

바울은 또 이렇게 썼다.

이는 우리가 그리스도 안에서 전부터 바라던 그의 영광의 찬송이 되게 하려 하심이라 엡 1:12

그리스도께서 우리를 위해 하신 일들을 우리가 완전히 믿은 결과는 영광스럽다.

우리가 그 안에서 그를 믿음으로 말미암아 담대함과 확신을 가지고 하나님께 나아감을 얻느니라 엡 3:12

우리는 징징거림과 자화자찬, 거짓된 겸손으로 기도드릴 때가 너무 많다. 그렇다고 하나님께 사과드릴 필요는 없다. 우리가 어떤 존재인지 하나님은 이미 아시기 때문이다. 수백억 인간을 지켜보셨기에 우리의 연약함을 모두 아신다.

이제 하나님은 우리가 예수 그리스도를 통해 그분께 나아갈 수 있고, 원하는 건 무엇이든 요구할 수 있는 권리를 갖게 되었음을 우리가 믿길 원하신다. 또한 좋은 것들로 우리를 축복하길 원하시며 우리가 행복하기를 원하신다. 때때로 크리스천들은 이 사실을 받아들이기 어려워한다.

넘치게 채워주심

나는 가난하게 자랐고, 우리 가족은 종종 자선단체로부터 선물을 받았다. 그래서 자라면서 사람들이 내게 무엇을 주려고 하거나 무언가를 해주려고 하면 불쾌했다. 내가 가진 모든 것을 얻거나 받을 자격이 내게 있길 바랐다.

이것은 하나님과의 관계로도 이어졌다. 하나님이 지금 당장 내게 필요한 것 이상으로 무엇이든 주길 원하신다는 사실을 믿을 수 없었다. 그래서 나는 이렇게 판단했다.

'하나님이 굳이, 왜? 내게?'

내 행복을 바라시는 하나님의 한없는 사랑과 보살핌에 대한 내 시각은 다소 제한적이었다.

그런 상태로 군종장교로 포트 베닝에 주둔하던 어느 날, 나는 머나먼 다른 주에 발이 묶이는 처지가 되어 복귀하여 임무를 수행할 방법을 찾지 못하고 있었다. 기상 악화로 인해 타기로 했던 항공편이 취소되었고, 그다음 항공편으로는 제시간에 복귀할 수가 없었다. 자동차로 가는 건 불가능했다.

나는 무척 불만스러웠다. 군종장교로 근무하는 동안, 한 번도 군 복무에 지장을 줄 만한 설교 제의를 수락한 적이 없었는데, 이제 내 업무를 소홀히 한 꼴이 되고 말았다. 그래서 기도했다.

'주님, 제가 한 번도 지각한 적이 없는 걸 아실 겁니다. 이 모든 상황을 주님 손에 맡깁니다. 주님이 저를 위한 완벽한 계획을 갖고 계심을 믿습니다. 제 필요를 채워주실 걸 믿고 감사드립니다.'

내가 설교한 모임에서 나는 한 공군 조종사를 만났다. 그는 비행장 근처에 있는 부대에서 근무했다. 그가 내 곤란한 사정을 듣고는 말했다.

"제 지휘관에게 전화해서 방법이 있을지 알아보겠습니다."

그의 부탁을 들은 지휘관이 이렇게 대답했다.

"방법이야 있지. 채워야 할 비행시간이 있으니 내가 목사님을 포트 베닝까지 모시겠네. 내일 오전 여섯 시까지 목사님을 비행장으로 모시고 오게."

나는 그날 밤을 그 조종사의 집에서 보내고, 다음 날 아침 여섯 시에 비행장으로 갔다. 기분이 상쾌했다. 내 필요를 채워주신 하나님으로 인해 기뻤다. 사실 하나님이 내 필요를 얼마나 충분히 채워주셨는지 그때까지도 제대로 깨닫지 못하고 있었다.

사방을 둘러보며 내가 탈 비행기를 찾았다. 대형 사발 비행기(엔진이 넷인 비행기)가 줄지어 서 있었지만, 정작 이륙할 준비가 된 듯한 비행기는 없었다. 나는 좀 작아도 그리 불편하지는 않은 비행기, 그저 제시간에 나를 집으로 데려다줄 비행기를 기대했다. 그 정도면 충분하다고 생각했다. 그때 조종사 친구가 발걸음을 멈추고 내게 말했다.

"목사님, 다 왔습니다. 탑승하십시오."

눈을 들어보니, 활주로에서 가장 큰 비행기가 내 앞에 있었다! 크기가 건물 몇 채는 되어 보였다.

'주님, 이게 저를 위한 비행기라니 믿을 수가 없네요!'

나는 어안이 벙벙한 채로 계단을 올라 승무원을 따라갔고, 그는 널따란 라운지의 안락한 좌석으로 나를 안내했다. 승객은

나 혼자뿐이었다. 비행기에는 모든 편의시설이 갖춰져 있었다. 내가 생각한 작은 화물기나 수송기가 아니었다. 지휘관이 자기를 소개했고, 내게 편안하게 비행을 즐기길 바란다고 했다. 여전히 얼떨떨했던 나는 감사의 말도 얼버무리고 말았다.

'내가 제때 돌아갈 수 있도록 하나님이 비행기를 준비하신 건 알겠는데, 왜 이렇게 크고 호화로운 비행기일까? 하나님은 왜 적당히 작은 비행기를 고르시지 않았을까?'

과분함을 느끼면서, 이 큰 비행기는 정말 낭비라는 생각이 머리를 스쳤다. 나는 어리둥절해하며 여쭈었다.

'주님, 이게 다 뭔가요?'

'그냥 너를 사랑해서란다.'

간단명료한 말씀이 들렸다.

'나를 신뢰하는 자녀에게 내가 이런 걸 주고 싶어 한다는 사실을 네게 보여주고 싶었다.'

"주님, 이제야 알겠습니다."

혼잣말로 중얼거렸다. 생각하면 할수록 내 안에 기쁨이 솟아났다. 나는 좌석에 파묻혀 빙그레 웃었다. 주님의 목소리가 계속해서 내게 말씀하셨다.

'네게 귀 기울이는 누구에게든 네가 전하기를 원한다. 삶의 사소한 것부터 모든 일에 감사하는 자에게 내가 하늘 문을 열고, 그들이 청하거나 바라는 것 이상의 많은 복을 부어줄 것이다.'

'네, 주님. 감사합니다.'

'그리고 기억해라. 너는 내 축복을 받을 자격이 없다. 그것을 위해 노력할 수도 없고, 애써 얻을 수도 없다. 나의 선함으로 네게 모든 걸 선물로 거저 주었단다. 너는 이것을 반드시 이해하고 받아들여야 한다!'

민간 여객기를 타고 여행할 때면 내 사무실에서 십오 킬로미터쯤 떨어진 곳에 착륙했는데, 그 대형 비행기는 내가 설교하기로 한 장소에서 몇백 미터 거리의 포트 베닝에 착륙했다. 나는 건물로 들어서며 손목시계를 보았다. 정확히 제시간에 도착했다. 단 일 분도 늦거나 이르지 않았다!

하나님은 우리의 필요를 확실히, 충분히, 아무 대가 없이 채우신다. 우리는 그저 구하기만 하면 된다.

하나님의 선물, 성령세례

하나님은 그분의 새로운 자녀들이 성령세례를 가장 첫 번째 선물로 구하기를 바라신다. 그렇다. 성령세례는 새 신자들에게 '첫 음식'으로 공급되어야 한다. 그들의 성장에 꼭 필요하기 때문이다. 성령님은 새 신자가 예수 그리스도를 구주로 영접하는 순간에 오셔서 그 안에 거하신다. 그는 성령님을 통해 다시 태어난다.

예수님은 제자들에게 성령세례를 받을 때까지 기다려야 그분의 증인이 되어 권능으로 복음을 전파할 수 있다고 말씀하셨다 (행 1:5,8). 제자들은 그 말씀대로 예루살렘에서 기다렸고 오순절 당일에 다음과 같은 일이 벌어졌다.

> 홀연히 하늘로부터 급하고 강한 바람 같은 소리가 있어 그들이 앉은 온 집에 가득하며 마치 불의 혀처럼 갈라지는 것들이 그들에게 보여 각 사람 위에 하나씩 임하여 있더니 그들이 다 성령의 충만함을 받고 성령이 말하게 하심을 따라 다른 언어들로 말하기를 시작하니라

행 2:2-4

이것이 교회의 시작이었다. 소심했던 제자들이 변화되어 두려움을 모르는 용감한 증인이 되었다. 그들은 즉시 성령의 권능으로 복음을 전했고, 그리스도께서 베푸셨던 것과 똑같은 기적이 뒤따랐다.

예수님이 말씀하셨다.

> 내가 진실로 진실로 너희에게 이르노니 나를 믿는 자는 내가 하는 일을 그도 할 것이요 또한 그보다 큰일도 하리니 이는 내가 아버지께로 감이라 요 14:12

교회에는 새 신자가 수천 명씩 불어났고, 사도행전에 기록되

어 있듯이 그들이 회심하자마자 성령세례가 이어졌다. 사도행전 10장 44절을 보면, 고넬료의 집에서 베드로가 전하는 말을 들은 사람들은 예수님이 그들을 위해 하신 일들을 받아들이자마자 성령님으로 충만해졌다. 물로 세례를 받기도 전에 말이다.

또한 복음이 사마리아로 퍼져나가자, 많은 사마리아인이 예수님을 구주로 받아들이고 물로 세례를 받았다. 이에 예루살렘에서 사마리아로 내려간 베드로와 요한은 새로 믿은 크리스천들에게 잠깐만 기다리라거나, 성경을 공부하고 기도하며 스스로 준비하라고 말하지 않았다. 두 사도는 아직 새 신자들이 성령님으로 충만하지 않음을 보고 염려했고, 그 즉시 안수하매 그들에게 성령이 임하셨다(행 8:17). 이처럼 성령세례는 예수 그리스도를 믿는 모든 사람에게 약속된 것이었다.

예수님이 말씀하셨다.

> 명절 끝날 곧 큰 날에 예수께서 서서 외쳐 이르시되 누구든지 목마르거든 내게로 와서 마시라 나를 믿는 자는 성경에 이름과 같이 그 배에서 생수의 강이 흘러나오리라 하시니 이는 그를 믿는 자들이 받을 성령을 가리켜 말씀하신 것이라 (예수께서 아직 영광을 받지 않으셨으므로 성령이 아직 그들에게 계시지 아니하시더라) 요 7:37-39

성령세례는 하나님이 거저 주시는 선물이다. 애쓴다고 얻을 수 있는 게 아니다. 우리를 구원하신 예수님이 성령님도 주셨다.

내가 아버지께 구하겠으니 그가 또 다른 보혜사를 너희에게 주사 영원토록 너희와 함께 있게 하리니 그는 진리의 영이라 세상은 능히 그를 받지 못하나니 이는 그를 보지도 못하고 알지도 못함이라 그러나 너희는 그를 아나니 그는 너희와 함께 거하심이요 또 너희 속에 계시겠음이라 요 14:16,17

성령님을 보내주신 분이 바로 예수님이시다. 그분은 우리에게 성령으로 세례를 베푸신다. 세례 요한이 요단강에서 세례를 베풀고 있을 때, 하나님께서 그에게 말씀하셨다.

… 성령이 내려서 누구 위에든지 머무는 것을 보거든 그가 곧 성령으로 세례를 베푸는 이인 줄 알라 … 요 1:33

그렇다면 왜 그렇게 많은 크리스천이 성령세례를 받기 위해 필사적으로 애쓰지만 얻지 못하는가? 나는 이로 인해 슬픔과 불만 가득한 표정을 한 사람을 많이 보았다. 그들은 하나같이 "제게 무슨 문제가 있을까요? 제가 너무 하찮고 연약한가요? 제 삶에 하나님의 능력이 절실히 필요합니다"라고 말했다.

한 교회학교 교사가 이런 편지를 보내왔다.

제 삶에 성령님의 능력이 필요합니다. 저는 좀 더 순종적이고 그리스도를 닮은 사람이 되려고 애씁니다. 성경 말씀을 많이 읽지 않은 것 같아서 아침 일찍 일어나 한 시간 동안 성경을 읽고, 삼십 분 동안 기도했습니다. 하지만 여전히 제 삶에 아무 능력도 보이지 않고, 성령세례도 받을 수 없었어요. 생각나는 죄는 모두 고백했습니다. 크리스천이된 지 이십 년이 넘었지만, 크리스천으로서의 덕목이 너무나도 부족해서 때로는 '내가 구원을 받긴 한 건가' 의심하기도 합니다.

이런 사람은 자신을 위해 준비된 훌륭한 음식을 먹을 수 있을만큼 성장하기 위해 한쪽 구석에서 몸을 키우려 하는 갓난아기와 같다. 배고픔의 고통을 끔찍하게 느끼지만, 그 고통이 사라질 때까지 먹으려 하지 않는다.

초대교회 크리스천들도 똑같은 문제를 겪었다. 하나님이 주시는 공짜 선물을 받으려면 스스로 충분히 선해져야 한다고 끊임없이 생각했다.

바울은 갈라디아서 3장 1-3절에서 이렇게 말했다. 갈라디아사람들은 예수 그리스도가 그들을 구원하실 걸 확신한 결과로이미 성령님을 받았지만, 크리스천으로 성장하는 책임이 자신에게 있다고 생각하는 시험에 들어 신앙생활에서 등을 돌리게 되었다고 말이다.

우리는 영적인 삶의 모든 단계에서 크리스천으로서 성장에 대한 공로를 인정받아야 한다는 시험에 빠지곤 한다. 사단은 두 가지 뻔한 방법으로 우리를 시험한다.

"이런, 너는 점점 영적인 사람이 되어가는구나! 좀 더 열심히 해봐! 그럼 더 큰 능력을 갖추게 될 거야!"

혹은 이렇게 말할 것이다.

"네가 얼마나 연약하고 비참한지 봐! 하나님이 네게 더 큰 복을 주시지 않는 게 당연해!"

자신의 영적 성취를 두고 자화자찬하거나 실패를 두고 스스로 비난하는 건 결국 같은 것이다. 둘 다 자신의 가치에 대한 책임을 그 소유자이신 하나님이 아닌 자신에게 두고 있기 때문이다.

아무리 노력해도 자신이 어찌할 수 없는 약점을 가진 한 목사가 있었다. 결국 그는 위조 혐의로 유죄를 선고받고 교도소에 갔다. 그는 거듭난 크리스천이었으나 이 실패로 완전히 무너졌고, 죄를 진심으로 회개했다. 그는 하나님이 자신을 용서하셨다고는 믿었지만, 다시는 자기를 복음 전파에 사용하지 않으시리라고 확신했다.

그러던 어느 날, 친구가 그에게 《감옥에서 찬송으로》를 보내 주었다. 그는 책에서 하나님이 우리의 유익을 위해 우리의 모든 것, 심지어 실수까지도 사용하신다는 내용을 읽었다. 이후 그는 새 희망으로 가득 차서, 자신의 실수와 수감 생활에 대해 하나님께 담대히 감사했다. 그리고 내게 편지를 적어 보냈다.

> 하나님을 찬양합니다. 내 인생은 완전히 달라졌습니다. 나를 옥죄던 지난날의 후회와 죄책감, 회한이 사라졌습니다. 이제는 삶의 모든 사소한 것에 대해 있는 그대로 하나님을 찬양하고 그분께 감사할 수 있어요. 이전에는 하나님의 은혜가 얼마나 깊은지 몰랐습니다. 한때는 내가 하나님께 쓰임 받기에 충분히 '훌륭하다'라고 생각했습니다. 과거에 교만했던 나를 버리고, 오직 그리스도만이 내 안에 사실 수 있다는 게 얼마나 큰 기쁨인지요!

그가 있던 감방은 곧 감사의 성전이 되었고, 다른 수감자들도 마음이 이끌려 그리스도를 영접했다.

우리가 자신이나 다른 사람을 하나님이 쓰시기에 충분히 훌륭하다거나 혹은 그렇지 않다고 생각하면 위험한 덫에 빠진다. 예수님은 우리에게 다른 사람을 판단하고 비난하지 말라고 경고하셨다. 그렇게 함으로써 스스로를 판단하고 비난하지 않게 될 것임을 아셨기 때문이다.

오직 하나님께만 심판할 자격이 있으시다. 하나님은 우리가 그분의 사랑으로 덮일 때 거룩해지고, 하나님 보시기에 흠이 없다고 이미 선언하셨다. 그런데 우리가 어떻게 감히 자신과 다른 사람을 평가할 기준을 세울 수 있단 말인가! 오직 하나님께만 우리 죄를 해결할 자격이 있으시다. 우리가 어떤 잘못을 저지른다 해도 그것은 하나님이 해결하실 문제다.

우리는 흔히 누군가의 옷차림이나 화장법, 흡연이나 음주 여부, 영화 취향 등으로 상대를 판단한다. 그러나 그를 향한 우리의 판단은 틀리기 일쑤다.

당신은 어떤 기준으로 교회학교 교사를 선택하는가? 여기 두 크리스천이 나란히 서 있다. 한 사람은 평균 키와 체중의 소유자지만 담배를 피운다. 다른 한 사람은 체중이 백삼십 킬로그램으로 덩치가 산처럼 크지만 사람 좋은 미소를 지으며 교회에 올 때 성경책을 꼭 들고 온다.

자, 이제 '성령의 열매인 절제를 기르는 법'이라는 주제를 가르칠 사람으로 누구를 택하겠는가? 흡연은 건강을 해치는 나쁜 습관이며 절제가 부족함을 나타낸다. 그렇다면 과체중은 어떤가? 성경은 폭식과 술 취함을 같은 것으로 보고 둘 다 사형에 처해 마땅하다고 말씀한다(잠 23:2,20,21). 흡연자나 폭식하는 자 모두 죽음을 재촉하는 것이다.

내 말은 과체중인 사람이나 흡연하는 사람을 판단하라는 게 아니다. 우리에겐 그 누구도 판단할 권리가 없다.

가장 위대한 일, 믿는 것

간음하다 잡힌 여자가 예수님 앞에 끌려왔을 때, 유대교 지도자들과 바리새인들이 예수께 여쭈었다.

> 예수께 말하되 선생이여 이 여자가 간음하다가 현장에서 잡혔나이다
> 모세는 율법에 이런 여자를 돌로 치라 명하였거니와 선생은 어떻게 말
> 하겠나이까
> 그들이 묻기를 마지아니하는지라 이에 일어나 이르시되 너희 중에 죄
> 없는 자가 먼저 돌로 치라 하시고 요 8:4,5,7

우리 가운데 누가 판단과 비난의 돌을 들 자격이 있는가? '선함'이나 '악함'을 평가하는 건 하나님과의 관계를 믿음이 아닌 선행으로 정당화하려는 또 다른 방법일 뿐이다. '믿음'과 '행위'를 논할 때, 사람들은 대개 이 성경 구절을 인용한다.

> 우리는 그가 만드신 바라 그리스도 예수 안에서 선한 일을 위하여 지
> 으심을 받은 자니 이 일은 하나님이 전에 예비하사 우리로 그 가운데
> 서 행하게 하려 하심이니라 엡 2:10

우리가 거듭난 것은 '하나님을 위해 선한 일을 하기 위해서'라고 분명히 말씀한다. 그런데 이 구절 앞에 있는 두 구절을 보라.

너희는 그 은혜에 의하여 믿음으로 말미암아 구원을 받았으니 이것은 너희에게서 난 것이 아니요 하나님의 선물이라 행위에서 난 것이 아니니 이는 누구든지 자랑하지 못하게 함이라 엡 2:8,9

바울의 말은 우리가 믿음으로 구원을 받지만, 이후로는 스스로 알아서 해야 한다는 뜻인가? 말도 안 되는 소리다.

에베소 교회에 보낸 편지 앞부분에서 바울은 우리가 하나님 앞에 거룩하고 흠이 없게 되었으며, 하늘에 속한 모든 복을 받았다고 말했다. 그렇다면 바울의 이 말은 무슨 뜻인가? 어쩌면 그가 가진 "행위"의 개념이 우리가 생각하는 것과 다른지도 모른다.

야고보는 이렇게 썼다.

내 형제들아 만일 사람이 믿음이 있노라 하고 행함이 없으면 무슨 유익이 있으리요 그 믿음이 능히 자기를 구원하겠느냐

우리 조상 아브라함이 그 아들 이삭을 제단에 바칠 때에 행함으로 의롭다 하심을 받은 것이 아니냐 약 2:14,21

이것이 무슨 의로운 행함인가? 단지 하나님이 명령하셨다고, 산에 올라가 하나뿐인 아들을 제물로 바치려 한 것이 말이다.

야고보는 계속 말한다.

> 네가 보거니와 믿음이 그의 행함과 함께 일하고 행함으로 믿음이 온전하게 되었느니라 이에 성경에 이른바 아브라함이 하나님을 믿으니 이것을 의로 여기셨다는 말씀이 이루어졌고 그는 하나님의 벗이라 칭함을 받았나니 약 2:22,23

그러면 우리는 어떤 선한 행위를 해야 하는가? 언젠가 제자들도 예수께 똑같이 질문했다.

> 그들이 묻되 우리가 어떻게 하여야 하나님의 일을 하오리이까 예수께서 대답하여 이르시되 하나님께서 보내신 이를 믿는 것이 하나님의 일이니라 하시니 요 6:28,29

바로 이것이 아브라함이 한 일이다. 그의 선한 행위는 하나님께서 약속을 지키실 걸 믿는 것이었다. 그의 믿음은 결코 흔들리지 않았다. 그래서 하나님은 그를 택하여 이스라엘의 아버지가 되게 하신 거였다.

예수님은 제자들에게 그들이 예수님보다 훨씬 더 큰일을 행하리라고 약속하셨고, 성령세례를 받은 후에 제자들이 권능으로 큰 기적을 행하며 말씀을 전했음을 우리는 안다. 그 위대한 행동에서 제자들의 역할은 '믿는 것'뿐이었다. 기적을 행하는 능력은 그들에게 있지 않았다. 그들의 '믿음'을 통해 하나님으로부터 온 것이었다.

바울이 말한다.

> 우리 가운데서 역사하시는 능력대로 우리가 구하거나 생각하는 모든 것에 더 넘치도록 능히 하실 이에게 **엡 3:20**

우리 가운데서 역사하시는 분은 하나님이시다. 그분을 더욱 신뢰하며 자신을 덜 의지할수록, 하나님이 우리를 통해 더 많은 일을 하실 수 있다.

감정이 아닌 믿음으로 받는 성령세례

그렇다면 성령세례란 정확히 무엇을 뜻하는가? 예수님은 때때로 성령님을 "진리의 성령"이라고 부르셨다.

> 그러나 진리의 성령이 오시면 그가 너희를 모든 진리 가운데로 인도하시리니 그가 스스로 말하지 않고 오직 들은 것을 말하며 장래 일을 너희에게 알리시리라 **요 16:13**

진리의 성령님은 모든 믿는 자 가운데 살아계셔서 그들을 인도하시지만, 진리의 성령님으로 세례를 받는다는 건 훨씬 더 큰 의미다.

영어 성경에서 '세례를 베풀다'로 번역된 단어는 실제로 '담그다' 또는 '흠뻑 적시다'라는 의미이며, 헬라어에서는 같은 단어가 '물에 흠뻑 젖었음'을 표현하는 데 사용된다. 따라서 성령세례를 달라고 예수께 간구하는 것은 진리의 성령님으로 흠뻑 적셔달라고 자신을 내맡기는 것과 같다.

성령세례는 무언가를 씻어내고, 정화하며, 벗겨내는 경험이다. 삶의 사소한 부분까지도 '하나님의 진리'라는 탐조등에 완전히 드러내는 것이다. 세례는 자기 의존성, 자존심, 속임수의 그늘, 집착하는 핑계들을 씻어내고 비워내기 위한 것이다. 이 모두가 우리의 믿음과 삶 가운데로 흘러드는 하나님의 능력과 임재하심을 차단하기 때문이다. 성령세례는 두 가지 목적을 수행한다. 하나님의 능력을 채울 깨끗한 그릇을 준비하고 나서, 그 능력으로 그릇을 채우는 것이다.

예수님이 말씀하신다.

오직 성령이 너희에게 임하시면 너희가 권능을 받고 예루살렘과 온 유대와 사마리아와 땅끝까지 이르러 내 증인이 되리라 하시니라

행 1:8

예수님은 하나님의 능력이 우리에게 속한 게 아니라, 우리를 가득 채우고 우리를 통해 작동한다고 말씀하신다. 우리는 그릇이요 통로다. 아무리 애써도 내용물이 될 수는 없다. 우리는 생명수를 담고 있는 유리잔과 같다. 생명수는 사람들의 갈증을 해소하지만, 빈 유리잔은 누구에게도 만족을 줄 수 없다.

바울은 이렇게 썼다.

우리가 이 보배를 질그릇에 가졌으니 이는 심히 큰 능력은 하나님께 있고 우리에게 있지 아니함을 알게 하려 함이라 **고후 4:7**

성령세례가 필요 없다는 말은, 하나님의 진리로 씻김을 받고 거기에 잠겨 흠뻑 젖을 필요가 없거나, 우리 가운데 그리고 우리를 통해 작동하는 충만한 하나님의 능력이 필요 없다는 말과 같다.

예수님은 제자들에게 말씀하셨다.

너희 중에 아버지 된 자로서 누가 아들이 생선을 달라 하는데 생선 대신에 뱀을 주며 알을 달라 하는데 전갈을 주겠느냐 너희가 악할지라도 좋은 것을 자식에게 줄 줄 알거든 하물며 너희 하늘 아버지께서 구하는 자에게 성령을 주시지 않겠느냐 하시니라 **눅 11:11-13**

그러므로 우리는 예수께 성령세례를 간구할 수 있고, 그분이 들어주시리라는 것도 안다.

나는 하나님께 성령세례를 간청했지만, 아무것도 달라지지 않았다고 말하는 사람들의 편지를 매주 받는다. 무엇이 문제일까? 바로 그들이 하나님의 말씀이 아닌 자신의 감정을 바라보고 있다는 점이다. 걸림돌은 언제나 '감정'이다.

성령세례는 다른 모든 하나님의 선물처럼 '믿음'으로 받아야 한다. 다시 말하면, 성령세례를 받을 때 당신은 아무것도 느낄 수 없을지 모른다. 믿음이란 의지의 행위이지 감정적인 반응이 아니기 때문이다.

어떤 사람은 마치 처음 예수 그리스도를 구세주로 영접할 때 그분과 극적이고 감정적인 만남을 갖듯이, 성령세례를 받을 때도 극적인 신체 반응을 경험한다. 그러나 우리는 느낌으로 구원받지 않으며, 느낌으로 성령세례를 받지 않는다. 당신이 성령세례를 받을 때 외부로 드러나는 어떤 감각을 느끼든 그렇지 않든, 그 감각 자체는 세례가 아니다. 성령세례는 '내면의 변화'다.

성경에서 본 것처럼 이런 내면 변화의 결과로 수많은 증거가 뒤따를 것이다. 그리스도를 증거하는 권능이 커지고, 성령의 은사가 나타나며, 사랑, 희락, 화평과 같은 성령의 열매가 맺힐 것이다. 이 모든 것은 감각과 감정으로 경험하지만, 이런 증거들은 하나님의 약속을 받아들인 다음에야 나타난다.

우리는 자신의 감정에 집중하는 것으로부터 의도적으로 돌아서서 믿음에 관한 하나님의 말씀을 받아들이기로 결심해야 한다. 그렇지 않으면 절대 믿음을 발휘할 수 없을 것이다.

성령세례를 받고 싶다면, 하나님께 그분의 말씀을 믿겠다고 아뢰라. 예수께 구하기만 하면 성령세례를 주심을 확신해야 한다. 믿음 가운데 굳게 서서 당신이 세례받았음을 믿으라.

방언, 성령세례의 열매

한 젊은이가 편지를 보내왔다.

저는 내년 가을, 신학교에 입학할 예정입니다. 하지만 크리스천으로서 제 삶에는 능력이 부족합니다. 그래서 성령세례를 경험한 크리스천들과 만나고 있어요. 그들이 방언으로 기도하고 말하면 치유와 기적이 일어납니다. 성경 말씀대로 이 모든 일이 타당함을 확신하며, 저도 성령세례를 받고자 기도했지만, 웬일인지 그런 일은 일어나지 않았어요. 성령님의 은사는 사사로운 즐거움을 위해서가 아니라 하나님이 우리를 통해 이루실 역사를 위해 주신다는 걸 저도 압니다. 그러나 여전히 제게 그런 경험을 주시지 않습니다. 무엇이 부족한 걸까요? 예수 그리스도를 구주로 믿고 온 마음 다해 그분을 섬기길 원합니다. 예수께도 여러 번 말씀드렸고, 제 죄를 고백했기에 죄 사함을 받고 깨끗해진 줄 알고 있습니다.

저는 예수님을 섬기길 원합니다. 그 일을 효율적으로 하기 위해 성령 세례가 필요합니다. 그런데 왜 그런 일이 일어나지 않을까요? 제가 뭘 잘못해서 하나님이 제 기도를 듣지 않으시는 걸까요?

어제 기도 모임에서 무릎을 꿇고 성령세례를 받게 해달라고 간구했습니다. 몇 사람이 제게 손을 얹고 함께 기도해 주었지만, 아무것도 느낄 수 없었어요…. 제발 저를 위해 기도해 주세요.

성령세례는 당신과 주님 사이의 개인적인 경험이다. 당신이 예수께 성령세례를 달라고 간구하면 (혼자 기도하든 누군가 당신에게 손을 얹고 기도하든) 그분은 세례를 주실 것이다. 많은 사람이 홀로 기도하면서 성령세례를 받는다. 하지만 다른 사람과 함께 기도할 때, 우리의 믿음이 강해지는 일도 빈번하다.

아무 느낌이 없을지 모르나, 당신이 즉시 요구하고 경험할 수 있는 가시적인 열매가 하나 있다. 사도행전에는 방언의 은사가 성령세례의 결과로 기록되어 있다. 방언이 새롭게 세례를 받은 신도에게 가장 먼저 나타나는 영적 은사다.

나도 예수께 성령세례를 달라고 간구했을 때는 아무것도 느끼지 못했다. 어떤 부인이 나를 위해 손을 얹고 방언 기도를 했지만, 어떤 감각도 느껴지지 않았고 아무 일도 일어나지 않았다. 그녀는 내게 감정에 의지하지 말고 믿음으로 세례를 받으라고 하며, 이미 세례를 베풀어 주신 하나님께 감사하라고 했다.

그래서 그 말대로 했는데, 좀 우습다는 생각이 들었다.

그러더니 부인은 내게 입을 열고 나오는 말을 쏟아내기만 하면 방언을 할 수 있을 거라고 했다. 나는 망설이면서 '이제 내가 바보짓을 하겠구나'라고 생각했다. 하지만 성경을 통해 방언이 성령의 은사임을 알고 있었기에, 내가 느끼든 못 느끼든 성령님이 내 안에서 나를 통해 나타나시리라고 예상할 수 있었다.

나는 어떤 이상한 '말'이 내 속에서 구체화되는 걸 느끼며 입을 열어 큰 소리로 말했다. 그 말들은 내 귀에 멍청하게 들렸고, 즉시 이런 생각이 들었다.

'멀린, 넌 방언하는 척하는 거야. 그냥 한바탕 횡설수설하고 있는 거라고.'

그런데 그때 깨달았다. 믿음으로 말한다는 건, 그 결과를 내 감각에 의존하여 측정할 수 없다는 것을. 나는 내 생각에 집중하지 않고 하나님의 말씀을 믿기로 결심했다. 이때까지만 해도 여전히 아무것도 느껴지지 않았지만, 일단 믿어보기로 했다.

그 후 나는 두 가지 변화를 경험했는데, 첫 번째로 예수 그리스도가 나의 구주이며 주님이시라는 벅찬 깨달음을 얻었다. 성령님이 예수님을 증거하시기 위해 보내졌다는 사실을 성경을 통해 알고는 있었지만, 그제야 예수님이 누구시며 내게 어떤 의미인지를 어느 때보다 더 분명하게 깨달았다. 내가 겪은 두 번째 경험은 사람들을 향한 강렬한 사랑이 샘솟는 것이었다. 사랑은 성령님의 열매다. 이 또한 성경에 예언되어 있다.

그 후 내 안에서, 나를 통해 성령님의 다른 은사들이 작동하는 것을 경험했다. 하지만 병을 고치거나 기적을 행하거나 예언하는 은사를 받아본 적은 없다. 하나님이 나를 통해 일하실 것을 기대하며 믿음으로 나아갈 때, 그분의 능력이 성령님의 힘으로 나를 통해 나타날 것을 믿을 뿐이다.

내가 누군가에게 손을 얹고 기도했는데 그가 나았다면, 그것은 내가 더 영적인 사람이기 때문이 아니다. 나는 그저 통로일 뿐이다. 기도할 때, 하나님의 치유 능력이 임재하심을 느낄 때도 있지만, 아무것도 느끼지 못하기도 한다. 그 결과는 결코 우리의 기분이 아니라, 오직 믿음, 곧 하나님이 역사하고 계심을 믿기로 하는 자의적인 선택에 달려 있다.

당신이 입을 열고 믿음으로 방언을 시작한다면, 분명 내가 그랬듯이 자신이 방언하는 척하며 말을 꾸며내고 있다고 생각하게 하는 유혹을 받을 것이다. 그런 생각에 현혹되어 방언을 포기해서는 안 된다.

만약 당신이 기도할 말을 알려달라고 성령께 간구하며 당신과 당신의 혀를 진정 하나님께 드리기로 했다면, 당신 귀에 그 말이 헛소리처럼 들리든 말든 하나님이 그렇게 역사하고 계심을 신뢰하면 된다. 중요한 건 말이 아니라 성령님이 우리를 통해 하나님께 직접 기도하고 계신다는 사실이다.

방언, 놀라운 치유의 능력

우리에게 필요한 것을 간구하기도 전에 하나님이 이미 알고 계신다면, 기도를 왜 해야 할까? 그건 기도야말로 하나님의 자녀를 향한 그분의 계획이자 분명한 명령이기 때문이다.

쉬지 말고 기도하라 **살전 5:17**

매일 방언 기도 시간을 갖는 것은 굉장히 중요하다. 실제로 우리가 하는 행동을 잠시 생각해 보자. 진리의 성령님이 우리를 통해 말씀하고 계신다. 예수님은 약속하셨다.

나를 믿는 자는 성경에 이름과 같이 그 배에서 생수의 강이 흘러나오리라 하시니 **요 7:38**

우리가 진리의 성령께 잠겨 흠뻑 젖었을 때, 배에서 생수의 강이 흘러나온다고 말씀하신다. 우리는 다른 사람에게 흘러갈 진리만 생각할 때가 많다. 하지만 그전에 진리가 우리 안에서 먼저 무엇을 해야 하는지를 생각해 보라.

진리는 얽매인 우리 영혼을 자유롭게 하는 능력이다. 진리는 감춰진 모든 거짓말, 죄책감과 두려움, 기억 뒤편과 깊은 무의식 속에 있는 과거의 어두운 그늘을 드러낸다. 우리 생각으로는 이런 것들에 대해 하나님과 대화를 시작해 볼 수조차 없었다. 바로 그런 이유로 하나님은 이 새로운 차원을 기도에 만들어 넣으셨다.

방언할 때 우리의 영은 하나님과 직접 소통한다. 성령님이 우리를 위해 기도하시면, 우리는 '비판적 이해력'이라는 통제 본부를 건너뛴다. 비록 이해할 수 없는 말을 하지만, 진리의 성령님은 우리 존재의 깊은 부분을 찾아내신다. 그렇게 방언은 삶 가운데 커다란 치유의 능력이 된다.

나중에 우리가 다른 사람을 위해 방언으로 기도할 때, 우리의 이해력으로는 전혀 알 수 없는 필요를 위해 직접 기도하게 되고, 기도의 대상이 되는 사람들조차도 대개 자기 문제의 근원이 무엇인지 전혀 알지 못한다는 걸 깨닫게 될 것이다.

정신적, 정서적으로 심각한 문제를 겪는 한 주부가 있었다. 그녀는 십 대 초반에 그리스도를 구주로 영접했지만, 자신을 괴롭히는 심각한 긴장감에서 벗어나지 못했다. 그녀는 성경에서 성령세례에 관해 배우며 하나님께서 자신이 성령세례 받기를 원하신다고 확신했다.

어느 날, 그녀는 거실에서 무릎을 꿇고 기도했다.

"예수님, 제 전부를 주님께 드립니다. 주님께 속하지 않은 모든 걸 제게서 씻어주시고, 성령님으로 세례를 주세요. 감사하며 모든 일이 이미 이루어졌음을 믿습니다."

그리고 아무것도 느끼지 못한 채 자리에서 일어나 집안일을 했다. 그런데 그 후 삼 주 동안 무언가 이상한 일이 내면에서 벌어지는 것 같았다. 끊임없이 눈물이 나왔다. 마치 불행했던 어린 시절로 되돌아간 듯했다. 오랫동안 잊고 지냈던 일들, 다른 사람이 남긴 고통과 두려움의 상처, 다른 사람에게 상처 주었던 일들이 떠올랐다.

그럴 때마다 눈물이 솟구쳤고, 그녀는 하나님께 자기 자신과 자신에게 상처 주었던 사람들을 용서해 달라고, 하나님의 사랑으로 그 기억을 치유해 달라고 간구했다. 이 모든 눈물의 이유를 찾으려다 보니, 성경 말씀 한 구절밖에 떠오르지 않았다.

> 이와 같이 성령도 우리의 연약함을 도우시나니 우리는 마땅히 기도할 바를 알지 못하나 오직 성령이 말할 수 없는 탄식으로 우리를 위하여 친히 간구하시느니라 **롬 8:26**

울다 그치기를 반복하는 사이, 놀라울 정도로 마음이 편안해졌다. 삼 주째 되던 어느 저녁, 그날도 가슴이 찢어질 듯 계속 울고 있었다. 그녀는 그날을 이렇게 회상했다.

"마치 제 존재의 깊은 구덩이에서 한바탕 눈물 바람이 난 것 같았어요. 그러더니 폭풍이 지나가고 아름다운 고요만 남은 듯

갑자기 편안해지더군요. 그 평안 가운데 가만히 있던 저는, 제 위로 한 줄기 빛이 부드럽게 흐르고 있음을 불현듯 깨달았어요. 눈에 보인다기보다는 느낄 수 있었는데, 그것이 저를 둘러싼, 저를 붙잡고 있는 하나님의 사랑이란 걸 알았습니다."

그 순간 그녀의 마음속을 짓누르던 긴장감이 대부분 사라졌다. 이후 며칠 동안, 그녀의 마음은 어느 때보다도 가벼웠다. 집안일을 하거나 볼일을 보러 시내로 차를 몰고 갈 때, 혼자 노래를 흥얼거렸다. 자녀에게 가르쳤던 노래의 단순한 후렴구를 반복해서 불렀다.

"예수님 정말 사랑해요~ 예수님 정말 사랑해요~."

같은 노래인데 더 새롭게 느껴졌고, 행복한 의미로 다가왔다.

어느 오후, 그녀는 운전하며 시내로 향하던 중에 자신이 선율에 맞추어 상상 속 언어로 노래하고 있음을 깨달았다. 나중에 그녀가 말했다.

"무슨 상황인지 전혀 몰랐어요. 저는 성경에서 말씀하는 방언에는 큰 관심이 없었거든요. 그런데 차 안에서 새로운 언어로 노래하고 있었던 거예요. 갑자기 깨달았죠. 그건 상상이 아니라 성령세례를 받은 결과인 것을요."

이후 그녀는 매일 방언으로 노래했고, 시간이 흐르면서 지난날의 긴장감과 정신적 고통이 완전히 사라졌다.

"정신과 의사는 제게 정서 장애가 있다는 사실을 받아들여야 한다고 했어요. 하지만 하나님, 감사합니다. 예수님이 저를 고치셨습니다. 저는 제 방식대로 온전하게 노래했습니다. 방언으로요!"

당신이 성령세례를 받고자 기도한 적이 있다면, 이미 이루어졌다는 하나님의 말씀을 믿으면 된다. 바로 지금, 입을 열어서 마음에 떠오르는 단어나 소리를 말해보라. 그것을 당신 마음에 주신 분이 성령님이심을 믿으면서 말이다.

하나님은 방언을 강요하지 않으신다. 성령세례로 말미암아 능력을 주실 뿐이다. 다만 당신이 그렇게 하기로 선택해야 한다. 당신은 입과 혀, 성대를 사용하여 마음대로 말을 시작하고 멈출 수 있다. 그 어떤 감정이나 감각도 느끼지 못했다면, 당신에게 감정이 부족한 것으로 인해 하나님께 감사하라. 언젠가 느낄 테지만, 그때까지는 하나님께서 당신에게 믿음 가운데 성장할 멋진 기회를 주실 것이다.

성경을 펼쳐서 예수님이 성령님에 대해 하시는 모든 말씀을 읽어라. 사도행전과 초대교회에 보낸 성령님에 관한 서신들, 성령님의 은사와 열매에 대해서 말이다. 이 모든 내용이 지금 당신에게 적용된다.

삶에 이런 일들이 일어나기를 기대하라. 다른 사람에게 하나님의 사랑을 전하는 통로로 기꺼이 사용되길 원한다고 하나님께 아뢰라. 그리고 그분이 기회를 주실 때, 믿음으로 나아갈 준비를 하라.

좋든 나쁘든, 모든 상황에서 하나님을 찬양하고 그분께 감사하라! 하나님께서 당신의 삶을 향한 그분의 멋진 계획을 펼치시기 위해 그 모든 환경을 사용하신다는 걸 신뢰하라.

04
모든 것에
감사함으로

나를 변화시키는 가장 확실한 방법

내 형제들아 너희가 여러 가지 시험을 당하거든 온전히 기쁘게 여기라 이는 너희 믿음의 시련이 인내를 만들어 내는 줄 너희가 앎이라 인내를 온전히 이루라 이는 너희로 온전하고 구비하여 조금도 부족함이 없게 하려 함이라 약 1:2-4

하나님은 당신 인생에 아주 특별한 계획을 갖고 계신다. 그것은 하나님이 맨 처음 당신을 창조하셨던 아주 오래전 곧 창세전에 시작되었다. 하나님은 그분이 정하신 조건에 맞추어 당신의 모든 세세한 부분을 그분이 원하시는 대로 사랑스럽고 섬세하게, 그리고 정확하게 만드셨다. 당신의 생김새, 능력, 고향, 가족(혹은 가족이 없을 수도 있다) 등을 말이다.

당신과 당신 삶의 그 무엇도 우연으로 된 것은 없었다. 하나님은 그분의 목적을 위해 상황을 예비하시고, 그 상황을 통해 당신에게 사랑으로 손 내미시고 그분께로 이끄셨다.

당신은 하나님의 아들 예수 그리스도를 구주로 영접함으로써 성령님을 통해 새로 태어났고, 새 생명을 얻었으며, 성령세례를 받고 충만하게 되었다. 이제 하나님의 계획은 당신을 완전하고 온전하게 하시는 것이다.

> 또한 그로 말미암아 우리가 믿음으로 서 있는 이 은혜에 들어감을 얻었으며 하나님의 영광을 바라고 즐거워하느니라 **롬 5:2**

하나님은 우리가 특별한 존재가 되길 원하신다. 좀 더 사랑스럽고, 친절하고, 오래 참으며, 믿음과 평안, 온유와 자비, 겸손과 절제를 더 많이 가져서 어디서든 하나님의 증인이 될 수 있도록 말이다.

물론 우리 모두 알고 있다! 그렇지만 대부분은 이것이 스스로 더욱 사랑스럽고, 친절하며, 오래 참고, 겸손하고, 온유하고, 절제하는 사람이 되려 애쓰는 엄격한 자기계발 프로그램을 시작해야 한다는 뜻으로 생각한다. 하지만 더 열심히 노력할수록 더 깊은 좌절에 빠지게 된다.

이 변화는 하나님이 주셔야 한다. 하나님은 우리가 그분께 헌신하고, 그분이 우리를 변화시키시길 원하신다.

그러므로 형제들아 내가 하나님의 모든 자비하심으로 너희를 권하노니 너희 몸을 하나님이 기뻐하시는 거룩한 산 제물로 드리라 이는 너희가 드릴 영적 예배니라 너희는 이 세대를 본받지 말고 오직 마음을 새롭게 함으로 변화를 받아 하나님의 선하시고 기뻐하시고 온전하신 뜻이 무엇인지 분별하도록 하라 **롬 12:1,2**

하나님이 어떻게 우리 가운데 변화를 일으키시는가? 우리의 생각과 행동의 오랜 습성을 어떻게 깨뜨리시는가? 흔히 성격적 특성, 개인적 호불호, 편견과 고집이라 부르는 기질들을 말이다. 이것들은 진리의 성령님을 통해 자세히 들여다보면, 하나님과 다른 사람들의 사랑에서 우리를 오랫동안 분리했던 자기중심적이고 방어적이며 이기적인 행동의 하나처럼 보인다.

우리를 변화시키기 위해 그분은 어떤 방법을 사용하시는가?

그러므로 너희가 이제 여러 가지 시험으로 말미암아 잠깐 근심하게 되지 않을 수 없으나 오히려 크게 기뻐하는도다 너희 믿음의 확실함은 불로 연단하여도 없어질 금보다 더 귀하여 예수 그리스도께서 나타나실 때에 칭찬과 영광과 존귀를 얻게 할 것이니라 **벧전 1:6,7**

믿음은 바로 이렇게 자라난다! 앞서 삶에 어려움과 유혹, 문제가 가득할 때 오래 참음과 인내와 견실함이 어떻게 자라나는

지 살펴보았다. 이런 말을 하는 사람들을 본 적이 있다.

"인내와 믿음을 더 많이 얻을 방법이 그뿐이라면, 차라리 인내와 믿음이 조금 부족한 대로 사는 게 나을 것 같아요!"

당신도 이런 생각을 하고 있는가? 이는 하나님을 진실로 신뢰하지 않고, 당신을 향한 하나님의 계획과 사랑을 마음속으로 의심하기 때문이다.

하나님이 바벨론의 포로로 잡혀가는 유대 민족과 평생 함께 하실 것을 선지자 예레미야에게 보여주며 말씀하셨다.

여호와의 말씀이니라 너희를 향한 나의 생각을 내가 아나니 평안이요 재앙이 아니니라 너희에게 미래와 희망을 주는 것이니라 **렘 29:11**

바벨론에서 보낸 고통스러운 세월은 예레미야와 유대 민족에게 미래와 희망을 주기 위해 마련된 하나님의 선한 계획의 일부였다. 당신과 나를 위한 하나님의 계획은 선하다. 이 하나님의 말씀을 받아들일 수 있는가?

왜 믿음은 평탄하고 편안한 상황에서 성장할 수 없는가? 우리가 하나님의 약속을 더 믿고 의지하면 그럴 수 있다. 그러나 정화(淨化), 즉 우리 믿음에 대한 시험은 느낌이나 감정에 이끌리지 않고 하나님 말씀을 믿고 그에 따르며 의존하겠다는 결심에 달려있다. 우리는 너무 오랫동안 감각과 감정, 지성이 믿음을 좌우하도록 내버려 두었다. 믿음을 발휘하려면, 그런 습관을 버려야 한다. 잊지 말라. 믿음이란 그 증거를 보거나 느낄 수 없는 무언가를 믿겠다는 의도적 결심을 뜻한다. 그러므로 만사가 잘못되는 듯한 상황을 만나더라도, 모든 것을 합력하여 선을 이루시겠다는 하나님의 말씀 위에 서서 일어난 모든 일에 감사하면, 믿음은 성장한다.

아브라함의 믿음이 어떻게 성장했다고 생각하는가? 하나님의 명령에 따라 하나뿐인 아들과 산에 올라 그 아들을 제단 위 번제로 드릴 준비를 하면서도, 하나님이 바로 그 아들을 통해 자손을 축복하시고 번성하게 하실 걸 여전히 믿는 믿음, 이 믿음이 당신에게는 있는가? 당신이 아브라함의 친구여서 그의 정신 나간 믿음의 모험을 목격했다면, 혹 아브라함이 실수를 저지르더라도 하나님이 여전히 모든 것을 합력하여 선을 이루실 걸 믿고 그분을 찬양할 수 있었겠는가?

하나님만이 우리를 속 사람으로부터 다시 새롭게 하실 수 있다. 그러므로 우리의 역할은 바울이 로마인에게 건넨 충고에 따르는 것이다. 하나님께 자신을 온전히 드리고, 그분이 주관하심을 믿으며, 우리 삶을 변화시키기 위해 사용하시는 모든 상황을 감사와 찬양으로 간절하고 기쁘게 받아들이는 것이다.

서로 사랑하라

한 목사에 대한 옛날이야기가 있다. 그가 더 큰 인내심을 달라고 기도했더니 다음 날, 오래 근무했던 비서가 병에 걸렸다. 그래서 새로운 비서가 들어왔는데, 그녀는 지금껏 본 적 없는, 세상에서 가장 느린 사무직원이었다. 치밀어오르는 불평불만을 한동안 속으로 삭이던 목사는 마침내 그 새 비서가 자신의 기도 응답이었음을 깨달았다. 그가 달리 어떤 방법으로 인내심을 배울 수 있겠는가. 목사는, 그 비서를 보내셔서 인내심을 키울 기회를 주신 하나님께 감사하며 찬양하기 시작했다.

믿음과 인내는 크리스천의 삶과 복음 증거에 없어서는 안 될 특징이다. 그리고 꼭 지녀야 할 또 다른 특징이 있는데, 그것이 없다면 복음의 핵심을 놓친 것이다.

사랑을 추구하며 신령한 것들을 사모하되 특별히 예언을 하려고 하라 **고전 14:1**

너희가 서로 사랑하면 이로써 모든 사람이 너희가 내 제자인 줄 알리라 **요 13:35**

사랑… 사랑… 사랑… 크리스천은 사랑에 대해 아주 많이 이야기한다.

"하나님은 사랑이십니다, 예수님은 당신을 사랑하십니다, 나는 당신을 사랑합니다."

그러나 우리는 서로를 진정으로 사랑하기에는 형편없이 부족하다.

예수님이 말씀하셨다.

> 내 계명은 곧 내가 너희를 사랑한 것같이 너희도 서로 사랑하라 하는 이것이니라 요 15:12

사랑은 세상 그 무엇보다도 우리에게 큰 의미가 있다. 우리는 하나님과 다른 사람을 사랑하도록 창조되었다. 사랑하지 않으면 두려운 일들이 우리 가운데 벌어진다. 상처받고, 분노하고, 서로 무서워하고, 미워하고, 죄의식에 사로잡힌다.

우리 마음의 상처, 두려움과 좌절, 방어 기제, 파괴적인 행동 등은 모두 사랑의 부족으로 일어난다. 교육학자, 심리학자, 사회학자를 비롯해 온갖 전문가들은 인류의 발전에 있어 사랑이 어떤 차이를 만들었는지 그 지대한 힘에 대해서 말한 바 있다.

다른 사람을 용납하고 인정하고 믿는 사랑은 오래 참고, 자비하며, 결코 이기적이거나 질투하지 않고, 교만하거나 대가를 바라지 않으며, 짜증이나 화를 내지 않고, 원한을 품지 않고, 억울한 일을 당해도 개의치 않는다. 충성되며 최선을 믿고 기대하는 사랑은 다른 사람이 억울한 일을 당할 때 절대 기뻐하지 않고, 진리가 승리하면 항상 기뻐한다. 그런 사랑은 나약해지지 않고 모든 상황을 견딘다.

이것이 우리를 향한 하나님의 사랑이며, 우리가 서로를 향해 가져야 한다고 하나님이 명령하신 사랑이다. 오래된 상처를 치유하고, 두려움을 몰아내며, 분노와 오랜 원한을 누그러뜨리는 사랑, 우리를 온전하게 하며, 거부당하거나 상처받을지 모른다는 두려움 없이 받은 사랑에 대한 보답으로 사랑할 수 있게 해 주는 사랑이다.

이를 헬라어로 '아가페'라고 부른다. 이는 계획적이고, 이성적이며, 의도적이고, 영적인 희생이다. 성령의 열매 가운데 하나인 사랑이며, 이것이 완숙해지면 다른 사람을 사랑의 근원(예수 그리스도 안에 있는 우리를 향한 하나님의 사랑)으로 이끈다.

성령님의 모든 은사와 나타내심은 우리의 모든 필요를 향한 하나님의 사랑과 관심을 확실히 보여주기 위한 것이다. 하나님은 사랑이시다. 그분은 우리를 사랑하시기에 치유하시고 기적을 행하신다. 우리를 통해 뻗어나가는 그분의 능력은 사랑이며, 그분이 창조하신 각 사람을 위한 초자연적이고, 신성한, 지극히 개인적인 사랑이다. 하나님이 세상에 주시는 메시지는 '사랑'이며, 우리는 그 사랑의 전달자이자 통로여야 한다. 이 목적을 위해 하나님은 우리도 사랑스럽게 만들고자 계획하셨다.

이런 사랑이 오직 하나님께로만 오고, 이 사랑이 성령의 열매라면, 예수님은 어떻게 우리에게 "서로 사랑하라" 명령하실 수 있는가? 예수님이 우리를 좀 더 사랑스럽게 만들어주실 때까지 기다려야 하는 게 아닌가? 여기서 우리가 믿음으로 받아들여야 한다는 하나님 말씀에 기록된 약속에 또다시 직면하게 된다.

사랑은 성령님의 열매이며 성령님이 우리 가운데 거하신다고 성경이 말씀하시므로, 우리는 삶 가운데 사랑이 나타나리라고 기대할 수 있다. 우리는 사랑할 능력을 부여받았지만, 믿음으로 나아가 그것을 실행하기로 선택해야만 한다.

기억하라. '아가페'는 계획적이고 의도적인 사랑이다. 사랑스럽게 느껴지지 않더라도 서로 사랑해야 함을 배운다. 우리가 하나님의 말씀 위에서 행동하기로 선택하고 믿음으로 나아가면 어떤 일이 일어날까? 우리 믿음의 발걸음이 하나님의 초자연적인 사랑의 능력을 흘려보내고, 그 능력이 우리를 변화시키기 시작함으로써 우리를 더욱 사랑스럽게 만들며, 또한 우리를 통해 우리가 사랑하려고 노력했던 사람들에게도 사랑이 흘러갈 것이다. 이런 일이 실제로 어떻게 일어나는가?

나는 내가 좀 더 사랑할 수 있게 해달라고 기도하자, 스스로 그런 사람이라고 생각할 수 있게 되었다. 실제로, 나는 세계 곳곳을 다니며 축복을 받은 듯 보이는 수많은 사람을 섬기면서, 언제나 다른 사람들을 더 많이 사랑할 수 있음이 기뻤다.

그러던 어느 날, 너무 비참해 보이는 한 사람을 만났다. 나는 그녀를 보자마자 움찔하며 공포에 사로잡혀 아무 사랑도 느낄 수 없었다. 그녀가 가능한 한 빨리 떠나주기만을 바랐다.

그녀는 남자친구인 군인 병사와 함께 내 사무실에 왔다. 그녀의 얼굴에는 오래된 화장과 먼지가 말라붙어 있고, 머리카락은 철사 가닥처럼 늘어졌으며, 옷은 지저분하고 찢겨 있었다. 다리는 상처투성이에 진흙이 묻어 있고, 몸에서 풍기는 악취가 방 안을 가득 채웠다. 그녀의 표정은 우울하고 증오로 가득했으며, 두 눈은 울어서 퉁퉁 부어있었다.

이 불쌍한 여인은 남자친구에게 임신 사실을 알리기 위해 포트 베닝을 찾아왔다. 남자친구는 임신에 대한 책임이 자신에게 있음을 인정했지만, 결혼만큼은 단호히 거절했고, 이에 여인은 불같이 화를 내며 그를 죽이고 자기도 죽겠다고 위협했다. 그녀는 이미 사생아를 낳은 적이 있었기에 이번에도 결혼하지 못하면 아예 죽어버리겠다고 했다.

나는 그녀를 보면서 이렇게 사랑스럽지 않고 절박하며 겁에 질린 외로운 사람은 처음 본다고 생각했다. 그녀를 위해 기도해야 한다는 생각도 들지 않았다. 손도 대고 싶지 않았다.

나는 마음속으로 부르짖었다.

'주님, 왜 이 여성을 제게 보내셨습니까?'

그러자 주님이 말씀하셨다.

'그녀도 나의 자녀란다. 희망이 없는 이 딸에게 나의 사랑과 치유가 필요하다. 네가 사랑해 주렴. 나의 사랑을 말해주렴.'

불현듯 고통스러운 깨달음이 임했다. 나는 스스로 사랑할 능력이 있다고 늘 자랑스러워했지만, 막상 절실하게 사랑받기를 원하는 그녀를 보고는 움찔했다. 마음속으로 외쳤다.

'오, 주님! 저를 용서해 주세요. 제 사랑이 얼마나 얄팍하고 이기적인지를 보여주셔서 감사합니다. 사랑 없는 제 마음을 가져가시고, 그녀를 향한 하나님의 사랑을 제 안에 채워주세요.'

흐느끼고 있는 여인의 부어오른 눈꺼풀은 마스카라로 얼룩져 있고, 눈동자는 공허해 보였다. 그녀가 말했다.

"목사님, 어떻게 좀 해보세요, 제발!"

내가 물었다.

"하나님을 믿으십니까?"

그녀는 고개를 끄덕이며 조그맣게 속삭였다.

"네, 믿습니다."

"하나님이 당신을 도우실 수 있음을 믿습니까?"

그녀는 망설이다가 천천히 말했다.

"하나님이 저를 도우실 수 있는 건 알지만, 도와주길 원하진 않으실 거예요. 저도 한때는 크리스천이었지만 지금 제 모습을 보세요. 하나님이 돕고 싶으셔도 이렇게 엉망진창인 저를 무슨 수로 도우시겠어요!"

"하나님은 당신을 도우실 수 있고, 그러길 원하십니다."

나는 이제껏 느끼지 못했던 확신으로 말했다. 하지만 그녀는 고개를 저으며 끔찍한 절망감에 어깨를 축 늘어뜨렸다. 내가 계속해서 말했다.

"부디 하나님이 당신을 사랑하신다는 사실을 받아들이려 노력하세요. 하나님이 그분의 기쁨과 평안을 채워주시고, 오늘 제 사무실을 나서기 전에 당신의 모든 필요를 채워주실 겁니다."

그녀는 입을 벌린 채 나를 바라보았고, 군인 남자친구는 내가 둘을 억지로 결혼시키려 한다고 생각하는 것 같았다.

"하나님이 오늘 당신을 이곳에 데려오셨습니다. 그분이 당신을 얼마나 사랑하시는지 깨닫게 하시려고, 당신의 삶 가운데 이런 문제를 허락하셨어요. 하나님께는 당신을 향한 놀라운 계획이 있습니다. 만약 당신이 하나님을 신뢰하고 당신에게 일어난 모든 일에 감사하기 시작한다면, 그분이 바로 지금 당신을 돕고 계심을 깨달을 것입니다."

"이렇게 된 걸 하나님께 감사하라고요?"

그녀의 두 눈이 또다시 분노로 달아올랐다.

"제가 바라는 건, 이 남자가 저와 결혼해서 제 아이에게 이름을 지어주는 것뿐이에요."

"여길 보십시오."

나는 펼쳐져 있는 내 성경에서 밑줄 친 구절을 보여주었다.

범사에 감사하라 이것이 그리스도 예수 안에서 너희를 향하신 하나님의 뜻이니라 **살전 5:18**

또 나는 책장을 넘겨 로마서 8장 28장을 찾아 보여주었다. 그녀는 못 믿겠다는 듯 허공을 응시했고, 나는 이 상처받은 여인에게 하나님의 사랑이나 그 어떤 사랑에 관해 '이야기하는' 것이 얼마나 헛된지를 불현듯 깨달았다. 그녀는 사랑이라는 단어의 의미를 몰랐다. 하나님만이 그 마음에 깨달음의 불꽃을 밝히실 수 있었다.

"당신을 위해 기도해도 될까요?"

그녀는 멍하니 고개를 끄덕이며 말했다.

"그럼요, 안 될 게 뭐 있겠어요."

그녀의 머리에 손을 얹으려고 보니, 너무나 더럽고 목욕이 필요한 상태였다. 참기 힘든 역겨움에 몸서리를 쳤다.

나는 조용히 속삭였다.

"오, 주님. 우리를 향한 주님의 사랑은 끝이 없고, 우리가 가진 사랑의 능력보다 훨씬 더 위대합니다. 하나님의 사랑으로 지금 이 여성을 어루만지시고, 제가 이 여성을 사랑할 수 있도록 가르치십시오."

그리고 내 손을 그녀의 머리 위에 단단히 올린 다음, 큰 소리로 기도하기 시작했다.

"하나님, 범사에 하나님을 찬양하는 것이 당신의 뜻임을 압니다. 하나님이 허락하지 않으시면, 세상의 그 어떤 일도 일어날 수 없습니다. 하나님의 사랑스러운 이 자매는 상처받았습니다. 상처받고 버림받고 남자에게 사랑받지 못했지만, 하나님은 이 자매를 사랑하십니다. 오늘에 이르기까지 일어난 모든 일에 감사합니다. 주님, 이 자매를 도와주십시오. 그가 하나님의 사랑을 깨달아 이 자리에서 하나님을 찬양할 수 있도록 도우실 것을 믿습니다."

손 아래에서 그녀의 몸이 떨리기 시작하는 게 느껴졌다. 하나님이 사랑으로 그녀를 어루만지고 계셨다.

"이제 모든 것에 대해 하나님께 감사할 수 있습니까?"

그러자 그녀가 불쑥 대답했다.

"네, 모든 것에 대해 진심으로 하나님께 감사합니다."

나는 계속 기도했다.

"하나님이 이 자매의 상한 심령을 치유하실 것을, 그 안에 새로운 삶을 불어넣어 주실 것을, 슬픔 대신 기쁨을, 패배 대신 승리를 주실 줄 믿습니다."

내가 기도를 마치고 한걸음 물러서자, 그녀의 얼굴은 눈물로 반짝였다. 그녀가 소리쳤다.

"어떻게 된 거죠? 기분이 완전히 달라졌어요! 속이 뒤집히는 느낌도 이제 전혀 없어요. 마음이 너무 평온합니다. 이런 기분은 처음 느껴봐요. 행복합니다. 정말이에요!"

그녀의 두 눈이 놀라움으로 휘둥그레졌다.

"우리가 하나님을 믿고 찬양했기에 하나님이 역사하셨습니다."

나는 내게도 기적 같은 일이 일어났음을 불현듯 깨달았다. 그녀가 다른 사람처럼 보였다. 두 팔로 안아주고 싶었다. 그녀는 매우 아름답고, 깨끗하고, 거룩해 보였다!

내 영혼이 하늘 위로 날아오르는 기분이었다.

'주님, 감사합니다. 저는 저 자매를 사랑합니다. 주님, 저를 변화시켜 주셔서 감사합니다.'

그녀를 더 사랑하려고 스스로 노력했을 때는 되지 않았다. 내 역할은 내게 사랑이 부족함을 인정하고 고백한 후에, 나를 변화시키시는 하나님의 능력에 믿음으로 순종하는 거였다.

내 곁의 사람을 사랑하는 법

자신을 바꾸려고 노력하면 할수록, 우리는 더욱 좌절하고, 자신의 부족함으로 인해 더 큰 죄책감을 느낀다. 하나님은 우리 힘으로 누군가를 사랑할 능력이 없음을 보여주시기 위해 특정한 사람들을 우리 삶에 보내신다. 이는 우리의 기분을 상하게 하시려는 게 절대 아니다.

우리의 삶과 하나님이 우리에게 사랑하라고 보내신 이들의 삶을 그분이 변화시키시는 경험을 할 기회를 주시는 것이다.

당신은 사랑하기 힘든 사람으로 인해 하나님께 감사하는가? 당신을 힘들게 하는 이웃이 있는가? 대하기 어려운 상사가 있는가? 그들을 보내주신 하나님을 찬양하라. 하나님은 당신을 사랑하시며, 당신으로 그들을 사랑하게 하셔서 당신의 기쁨이 충만해지기를 원하신다.

아마 가장 멋지고 도전적인 사랑의 기회는 바로 당신의 '가정'에 있지 않을까 생각한다. 남편이나 아내에게 당신을 기분 나쁘게 하는 어떤 습관이 있는가? 혹은 부모님과 함께 사는 게 버거운가? 자녀들이 반항적인가?

예수님은 서로 사랑하라고 말씀하셨다. 서로 용납하고, 서로에 대해 하나님께 감사하라. 알코올의존자인 남편이나 무심하고 반항적인 자녀를 주신 하나님께 감사하기란 쉽지 않다. 나의 사랑이 필요 없다고 말하는 사람을 사랑하기란 참 어렵다.

내 눈에 들보가 있으며, 자신이 자기 의와 자기 연민에 빠져 있으며, 내 역할이 참을성 있는 순교자 역할인 것을 인정하기란 쉽지 않다. 내 눈의 들보를 드러내는 사람을 삶 가운데 불러들이신 하나님께 감사할 수 있는가? 특히나 사랑하기 어려운 그들의 모습을 있는 그대로 하나님께 감사할 수 있는가?

짜증 나는 그들의 습성 때문에 그들을 사랑할 능력이 내게는 없다고 고백할 수 있는가? 하나님께 그들을 사랑하길 원한다고 말씀드리고, 나를 향한 하나님의 뜻에 따라 그들을 사랑할 수 있도록 스스로를 그분께 복종시킴으로 새롭게 변화될 수 있는가?

그렇다면 당신은 하나님이 행하실 기적을 담대하게 기대할 수 있다. 이 일은 즉각 일어날 수 있다. 우리는 경이로운 사랑의 불꽃을 느끼고, 그로 인해 주님을 기뻐하고 찬양하게 될지도 모른다. 그러나 감정에 의존하지 않도록 조심하라. 첫 불꽃이 얼마든지 사그라들 수 있고, 이내 두 번째 불꽃이 나타날 때까지 아무것도 안 하고 빈둥거리며 기다릴지도 모르기 때문이다.

그리스도께서 우리를 사랑하시는 것처럼 계획적이고 의도적으로 사랑하기 위해서는, 언제나 의지를 다져야 한다. 우리가 사랑을 느끼든 그렇지 않든, 사랑하고 있다는 사실은 변하지 않는다.

하나님은 그분이 우리 삶 가운데 보내신 사람에게 그 사랑을 전할 수 있는 실제적이고 구체적인 방법을 보여주실 것이다. 그리고 머지않아 우리는 이전보다 더 깊은 사랑을 경험할 것이다. 우리의 사랑은 안정적이고 변함없을 것이다. 왜냐하면 그 사랑은 우리가 가진 한정된 자원을 능가하는 풍부한 원천으로부터 흘러나오기 때문이다.

하나님의 사랑은 우리를 가득 채우고, 우리를 통해 다른 사람에게 흘러넘친다. 하나님의 사랑 안에 뿌리내린다는 의미가 바로 이것이다. 그 비옥한 토지에서 우리의 사랑하는 능력이 쑥쑥 자랄 것이다. 이것이 바로 우리 삶에 성령님이 열매 맺으시는 방법이다.

한 크리스천 여성이 알코올의존자인 남편과 오랜 결혼 생활을 했다. 결국 남편은 법적인 문제를 일으켜 교도소에 수감되었다. 이후 여성은 주 정부에서 몇 푼 안 되는 복지 수당을 받아 고생하며 아이들을 키워냈다. 그녀는 성실하게 아이들을 교회에 데리고 다녔고, 주변 성도에게 동정과 존경을 받았다.

그녀의 친구들은 이렇게 말하곤 했다.

"가여운 에드나. 아이들을 혼자 키우면서도 주일이면 빠지지 않고 교회에 나오고, 한마디 불평도 없네. 그런데 아무짝에도 쓸모없는 남편은 변변한 직업도 없이 걸핏하면 술에 취해 드러누우니 가문의 망신이고 수치지 뭐야."

남편이 감옥에 있는 동안, 에드나는 더 나은 환경에서 아이들을 자유롭게 키우기 위해 이혼하는 게 낫다고 생각했다. 그러던 어느 날, 한 친구가 《감옥에서 찬송으로》를 갖다주었다. 그녀는 책에서 찬양이 삶을 어떻게 변화시켰는지를 읽고, 자신이 겪은 비참한 세월을 하나님께 감사하기란 거의 불가능할 것 같았지만, 한번 노력해 보기로 결심했다. 그녀는 기도했다.

"남편을 주셔서 감사하고, 그가 술에 중독된 것에 대해서도 감사합니다. 가난과 두려움, 외로움의 세월도 감사합니다."

오래지 않아 전남편은 출소했고, 예전의 음주 습관으로 되돌아갔다는 소식을 들었다. 그런데도 그녀는 자기 상황에 대해 하나님께 계속 감사했다.

그녀는 서서히 자기 삶 가운데 이전에는 보지 못했던 무언가를 조금씩 인식하게 되었다. 전남편을 사랑할 수 있도록, 그의 모습을 그대로 받아들일 수 있게 해달라고 간구하며 하나님께 감사하기를 계속하자, 자신이 남편의 음주만큼이나 심각한 죄를 짓고 있었음을 깨달았다. 그녀는 남편 눈에 있는 조그만 티를 보면서도 자기 눈 속에 있는 커다란 들보는 까맣게 몰랐다. 자신이 남편보다 더 의롭고 가치 있다고 느끼며 남편이 술 마시는 걸 비난했고, 동시에 자기 연민과 우울, 기쁨이 없는 순교의 구렁텅이에 빠져 하루하루 살았다는 걸 알았다.

마침내 어느 날, 그녀가 큰 소리로 기도했다.

"오, 주님! 제 죄가 남편의 죄만큼 사악했음을 깨달았어요. 주님이 우리에게 서로 사랑하고 고난 가운데도 기뻐하라는 율법을 주셨는데 하나도 지키지 못했습니다. 주님, 저를 용서하시고, 제가 자신을 돌아볼 수 있도록 제 삶에 남편을 보내주셔서 감사합니다. 이제 남편에게도 만회할 기회를 주세요. 그가 받았던 상처를 치유하시고, 주님의 사랑으로 그를 어루만져 주세요."

그날 이후, 에드나는 자신이 처한 상황에서 기뻐하는 게 얼마나 쉬운 일인지를 깨달았다. 그녀는 하나님이 그녀의 삶을 사랑과 기쁨으로 가득 채우시려는 계획의 일부로 그런 상황을 만드셨음을 알았다. 그녀가 하나님을 계속 찬양하자 자기 연민과 우울증 같은 과거의 감정이 차츰 사라졌다. 하루하루가 즐거웠으며, 새롭고 흥미로운 방법을 통해 예수 그리스도의 임재하심을 알아갔다.

오래지 않아 그녀의 전남편이 우연히 교회 예배에 참석했고, 그리스도를 구주로 영접하고는 십오 년간 그를 속박했던 알코올의존증을 완전히 떨쳐내었다! 이후에 에드나는 전남편과 재혼했고, 그는 대학에 입학하여 하나님을 섬기는 새로운 삶을 시작했다.

성장을 위해 찾아오는 시험

힘든 관계나 여러 어려운 상황은, 우리가 영적 근육을 단련하여 성장하게 하시려고 하나님이 주시는 기회이거나 우리의 약점이나 죄를 드러나게 하시는 하나님의 사랑법일 수 있다. 어떤 이유든지 우리는 기뻐할 수 있다. 제아무리 잘 숨긴다고 해도 연약함은 건물 주춧돌에 균열이 생긴 것과 같다.

이 죄악이 너희에게 마치 무너지려고 터진 담이 불쑥 나와 순식간에 오래지 않아 주춧돌의 균열로 건물 전체가 무너져 내릴 수 있다. 그러나 균열을 인지하면 방비할 수 있다. 모든 죄와 연약함을 고백할 때 우리는 용서받을 수 있고, 하나님의 사랑이 상처를 치유하사 기억을 덮어주신다.

하지만 깊숙이 숨어있는 초조함, 불안감, 혼란, 분노 혹은 우리가 경험으로 알고 있는 증상들로만 드러나는 숨겨진 죄악은 어떻게 되는가?

앞서 성경 구절에서 이사야가 말한 "이 죄악"은 이스라엘 백성이 하나님의 말씀을 따라 행하기를 반복적으로 거부한 것을 가리킨다. 오히려 그들은 자신들의 예언자와 조언자에게 의견을 구했다. 하나님보다 자신을 더 의지했다.

자기 의존과 자기 과신은 영혼의 주춧돌에 언제나 심각한 균열을 일으킨다. 만약 하나님께서 우리가 자신을 의지하는 삶의 모습을 드러내는 상황으로 인도하신다면, 자신의 무력함을 감사하고, 하나님이 우리에게 주실 능력을 기뻐해야 하지 않을까!

포트 베닝에서 장교 훈련을 받던 한 청년이 자신이 극복할 수 없는 상황에 빠졌음을 깨닫고, 내게 말했다.

"목사님, 도와주십시오. 미쳐버릴 것만 같아요."

그는 인생의 모든 상황을 성공적으로 해결할 수 있으리라 늘 확신했다. 그런 자기 과신은 허세에 가까웠다. 하지만 학사사관에 온 이후로 그는 자신이 예전처럼 대처할 수 없음을 깨달았고, 자아상과 전반적인 인생관이 산산조각 나버렸다.

장교 후보생을 위한 엄격한 교육은 청년들에게 군인의 의무를 가르칠 뿐만 아니라, 전장에서 부하의 생명을 위태롭게 할 수도 있는 후보생의 약점을 드러내기 위해 고안되었다. 그래서 후보생이 어떤 자질을 가졌는지 시험하려고 일부러 특정한 압박을 가하기도 했다. 이로 인해 균열을 일으키는 사람은 부대를 맡기기 전에 축출하는 편이 나았다.

교관들은 이 청년 후보생이 '자만'이라는 가면은 썼지만, 자기 확신은 없음을 알아차렸다. 그래서 그에게 압박을 가했다. 이른 아침부터 늦은 밤까지 감시했으며 일거수일투족을 지적했다.

"좀 더 신속하게 움직일 수 없나, 후보생?"

"너무 멍청해서 지시를 이해하지 못하는 건가?"

"항상 그렇게 돼지처럼 먹나?"

"의지라는 게 있긴 한 건가?"

"어머니가 와서 도와줬으면 좋겠나?"

"후보생, 건물 주위를 한 바퀴 더 돈다. 그러면 발을 들 수 있게 될지도 모르지!"

그 청년은 자신감이 급격히 사라져갔다. 굴욕감과 무력감에 어쩔 줄 몰라 하며 자기를 괴롭히는 사람들에게서 벗어나기 위해, 필요하다면 탈영하고 이민까지 갈 준비를 하고 있었다.

대화하는 동안, 그는 한 번도 하나님을 믿어본 적이 없으며 성경을 이해할 수 없었다고 했다. 하지만 만약 자신을 도울 수 있는 하나님이 계신다면, 믿어보고 싶다고 했다.

나는 그가 처한 상황에 대해 성경은 어떻게 말씀하시는지를 알려주었다. 하나님이 그의 삶에 완벽한 계획을 갖고 계신다는 것과 그가 겪는 시험이 그 계획의 일부라는 것, 그래서 인생의 고삐를 하나님께 맡기고 모든 것에 감사한다면 하나님이 긴장과 압박감을 줄여주실 거라고 말했다.

후보생은 핼쑥해 보였다. 얼굴과 눈빛에서 압박감과 수면 부족이 보였다. 그가 고개를 저으며 말했다.

"이런 적은 처음입니다. 저는 정말 죽을 지경인데 목사님은 하나님이 저를 이런 곤경에 처하게 하셨다고 말씀하시네요?"

내가 말했다.

"하나님께서 이런 일이 일어나도록 허락하셨다고 합시다. 나는 하나님께서 당신이 이 모든 고통을 겪지 않고도 그분께 돌아와 당신 삶을 위해 그분이 예비하신 것들을 받아들이길 원하셨을 거라고 확신합니다. 하지만 당신은 아무 도움 없이 스스로 자기 삶을 통제할 수 있다고 고집을 부렸지요. 그래서 하나님은 당신에게 그분이 필요하다는 걸 보여주시기 위해 가장 직접적이면서 애정 어린 방법을 선택하신 겁니다."

그리고 바울이 고린도 교인들에게 쓴 두 번째 편지를 읽었다.

형제들아 우리가 아시아에서 당한 환난을 너희가 모르기를 원하지
아니하노니 힘에 겹도록 심한 고난을 당하여 살 소망까지 끊어지고
우리는 우리 자신이 사형 선고를 받은 줄 알았으니 이는 우리로 자기
를 의지하지 말고 오직 죽은 자를 다시 살리시는 하나님만 의지하게
하심이라 **고후 1:8,9**

후보생은 고심하는 듯했다. 그러고는 무슨 소용이 있을지 전
혀 확신할 수 없음에도 내가 그를 위해 기도하는 것에 동의했다.
나는 그의 머리 위에 손을 얹고 그 상황에 대해 하나님을 찬송하
기 시작했다. 그리고 이 청년이 하나님의 사랑과 관심을 새롭게
깨달을 수 있게 해달라고 간구했다.

내가 기도하자 그가 몸을 떨며 눈물을 흘리기 시작했다. 잠시
후, 그는 큰 소리로 웃기 시작했다. 그리고 소리쳤다.

"하나님을 찬양합니다. 하나님, 감사합니다. 당신의 보살피
심을 깨닫습니다. 당신이 저를 사랑하심을 믿습니다!"

그가 활짝 웃으며 나에게 말했다.

"정말로 하나님이 저를 학사사관으로 보내셨네요, 맞지요?
제가 여기서 해답을 찾을 걸 그분은 알고 계셨습니다. 저는 새

사람이 된 기분입니다."

그는 정말 새사람이 되었다. 그리스도를 구주로 영접했고, 우수한 성적으로 학사사관을 수료했다.

위기의 순간이 그의 가장 깊은 곳의 심각한 균열을 드러냈다. 그가 하나님을 인정하고, 그 상황을 이끄시는 하나님의 손길에 감사하자, 그 균열이 치유되었다.

자만의 벽을 무너뜨리는 상황은 고난이라는 가면을 쓴 하나님의 축복이다. 우리는 우리에게 상황을 통제할 능력이 있다는 착각을 없애주는 그러한 일격(一擊)에 대해 하나님께 진심으로 감사하고 그분을 찬양할 수 있다.

하나님을 더 많이 찬양할수록 상황은 더 쉽게 바뀔 것이다. 기쁨은 커지고, 고통은 눈에 띄지 않게 될 것이다. 또한 상황이 어려울수록 진정한 힘과 능력은 오직 우리 안에 거하시는 그리스도께 있음을 더욱 깨달을 것이다.

성장을 위해 매번 찾아오는 어려움과 시험과 기회는 우리가 하나님의 사랑과 능력의 통로로 더욱 잘 준비되게 한다.

한 젊은 여성이 있었다. 그녀에게 비극적인 일에 연달아 일어났다. 어머니와 두 오빠가 사망했고, 아버지는 두 번의 재혼을 했다. 그녀는 대학 입시에 실패한 후 술독에 빠져 살다가 복음을 들었고 예수님을 구주로 영접했다. 한동안은 기쁨으로 충만하여 자신의 이야기를 나누었고, 많은 사람이 그녀를 통해 예수 그리스도를 믿었다. 그녀의 인생은 순탄했다. 이제 힘든 시절은 모두 끝났다고 생각했다.

그런데 또다시 어려움이 닥쳐왔다. 두 번이나 교통사고를 당해 크게 다쳤고, 이후 목에 종양이 생겨서 매우 고통스러운 수술을 받아야 했다. 한번은 콜라를 마신 후에 심하게 아팠는데, 알고 보니 콜라에 마약이 섞여 있었다. 하루는 등굣길에 칼을 들고 덤비는 사람 때문에 공포에 떤 적도 있었고, 다른 날엔 한 남자가 총을 들고 그녀를 따라오기도 했다. 밤이면 수상한 사람들이 그녀의 집 근처를 기웃거렸고, 그중 하나가 집 안으로 침입해 그녀를 강간했다.

결국 그녀는 시간제로 근무하던 일자리에서 해고되었다. 직장 상사가 보기에, 이런 문제들이 끊임없이 일어나는 것은 그녀에게 뭔가 문제가 있기 때문이라고 확신했기 때문이었다. 이 모든 일을 겪으면서도 그녀는 믿음을 지키려고 애썼다. 그럼에도 가장 견디기 힘들었던 건, 교회 성도들의 불신과 의심이었다.

그때 누군가가 《감옥에서 찬송으로》를 그녀에게 건넸다. 책을 읽은 후, 그녀는 새로운 희망을 품었다. 자신이 겪은 모든 어려움을 하나님이 허락하신 데는 다 이유가 있을 거로 생각했다. 그녀는 삶에 찾아온 재앙 하나하나를 하나님께 감사했다. 그러자 그동안 자신을 붙들었던 두려움 대신 기쁨이 찾아왔다.

그녀가 내게 말했다.

"내가 가진 건 하나님뿐이라는 갑작스러운 깨달음이 찾아왔어요. 다른 사람들에겐 다른 미래가 보장되어 있을지 모르지만, 제겐 하나님뿐입니다. 제게 일어났던 모든 일로 그 사실을 좀 더 분명히 깨달았어요."

이제 그녀는 새롭게 빛나는 능력으로 자신의 구세주를 전하러 다닌다. 그러면서 과거의 자신처럼 고통받고 있는 사람들을 향해 깊이 있는 이해와 연민을 갖게 되었다. 그녀는 하나님의 애정 어린 손길이 삶의 모든 상황을 다스리심을 신뢰했고, 새로운 시험 앞에서 이렇게 말할 수 있게 되었다.

"하나님께서 이 시험을 허락하셨으니, 이건 분명히 나에게 유익한 일일 거야."

또 다른 한 젊은 여성은 갑자기 남편을 잃었다. 두 사람 사이에는 자녀가 없었기에 그녀는 말로 표현할 수 없을 만큼 외로웠다. 그녀가 위로와 동정을 받기 위해 가족을 찾아갔지만, 가족들은 대화를 단호히 거부했고, 그녀를 마치 없는 사람처럼 대했다. 그녀는 이해할 수 없었다. 가족들이 자기를 이런 식으로 대한 적이 한 번도 없었기 때문이다.

자신이 반갑지 않은 존재라는 괴로움은 견디기 힘들었다. 몸이 아프고 잠을 이루지 못해 체중이 급격히 줄었다. 그녀는 시간

가는 줄 모를 만큼 밤낮으로 울어서 정신이 희미해질 지경이었다. 절망 가운데 그녀가 큰 소리로 부르짖었다.

"하나님, 듣고 계세요? 제게 관심은 있으신가요?"

아무 대답도 들리지 않았고, 아무런 위로도 되지 않았다.

그러던 어느 날, 동네 서점에서 《감옥에서 찬송으로》를 보았다. 그녀는 책 뒷면에 저자가 육군 군종장교라고 쓰인 걸 보고는 책을 다시 진열대에 올려놓았다. 남편이 군 복무 중에 사망했기에 그 기억이 생생하게 밀려들까 두려웠다. 빈손으로 집에 돌아왔지만, 그 조그만 책의 제목이 종일 마음에 남았고, 한 가지 생각이 계속 따라다녔다.

'그 책을 읽으렴! 그 책을 읽어봐!'

살면서 무언가를 읽어야 한다는 강한 충동을 느껴본 적이 없던 그녀는, 끈질긴 재촉에 당황한 나머지 다시 서점에 가서 그 작은 책을 샀다. 집으로 돌아와 읽어 내려가는데, 이내 눈물이 흘렀다. 때로는 심하게 우느라 책을 읽을 수 없었고, 한번은 자신이 바닥에 무릎을 꿇은 채로 책을 읽고 있다는 걸 깨달았다. 그녀는 하나님이 그 책을 통해 자기에게 말씀하고 계심을 확신했지만, 그 뜻을 도무지 믿을 수가 없었다.

'하나님은 정말로 남편이 죽은 것에 대해 감사하라고 말씀하시는 걸까? 어쩜 이렇게 잔인하실 수 있지?'

그녀 안에 있는 모든 것이 그 뜻에 저항했다. 하지만 책을 읽을수록 흐느낌은 고요해졌고, 평안이 찾아왔다. 그녀의 생각이 새로운 방향으로 천천히 바뀌기 시작했다.

'하나님이 모든 일 가운데서 나를 도우셨구나. 남편이 살아있는 한, 내가 결코 하나님을 찾지 않으리라는 걸 알고 계셨어. 또 가족이 친절과 사랑으로 나를 위로했다면, 난 그들에게 매달렸을 거야. 내가 완전히 혼자니까 비로소 하나님께 나아가게 된 거구나. 오, 예수님, 주님의 임재하심을 느낍니다! 주님이 지금 여기 저와 함께 계시므로 제가 하나님을 찬양하고, 저를 하나님께로 이끈 모든 것에 대해 감사합니다!'

그녀가 마음속에서 느낀 평안은 그 무엇보다도 컸고, 이후 며칠 동안 그녀의 삶은 기쁨으로 빛났다. 그 모습이 슬픔으로 무너졌던 그녀를 걱정스럽게 지켜보던 친구와 이웃을 몹시 놀라게 했다. 얼마 후, 친오빠가 찾아와 눈물겨운 고백을 했다.

"우리를 용서해 주겠니? 끔찍한 오해가 있었더구나. 네 남편이 죽어가고 있을 때, 우리가 널 도와주지 않았다고 네가 이웃사람들에게 말했다는 이야기를 들었단다. 우린 바보처럼 그 말을 믿었고, 너무 놀라고 상처받아서 너를 만나거나 너와 이야기하고 싶지도 않았어. 그런데 오늘 우린 그 사람들이 이야기한 여자가 네가 아니라 남편을 잃은 다른 사람이란 걸 알았단다. 그리고는 네가 우리를 가장 필요로 할 때, 너를 혼자 두었다는 걸 알게 되었지."

그녀는 오빠의 사과에 씩씩하게 대답했다.

"미안해하지 마세요. 오빠가 한 실수에 감사하세요!"

오빠는 자기가 제대로 들은 것인지 긴가민가했다.

"그게 무슨 소리니? 네가 나를 절실히 필요로 했을 때, 나는 너를 실망하게 했어. 그런데 그 일에 감사하라니?"

그녀가 웃었다.

"맞아요. 오빠가 등을 돌리지 않았다면 하나님이 저를 얼마나 사랑하시는지 깨닫지 못했을 거예요!"

이 이야기는 험담에 귀를 기울이거나 사랑이 필요한 이들을 모른척하는 행동에 변명거리를 주려는 게 아니다. 오히려 하나님은 우리가 그분께 삶을 맡기면, 하나님이 우리의 유익을 위해 허락하시지 않는 한, 아무도 우리를 부당하게 대할 수 없음을 확신하기를 바라신다. 그러면 우리는 우리를 향한 모든 불친절한 말이나 교활하고 야비한 배신에 대해서도 하나님께 감사할 수 있다.

부당하게 고난을 받아도 하나님을 생각함으로 슬픔을 참으면 이는 아름다우나 죄가 있어 매를 맞고 참으면 무슨 칭찬이 있으리요 그러나 선을 행함으로 고난을 받고 참으면 이는 하나님 앞에 아름다우니라 벧전 2:19,20

순종을 방해하는 내면의 가지를 제거하라

아름다운 장미를 얻으려면 넝쿨의 가지를 쳐주어야 한다.
예수님은 이렇게 말씀하셨다.

나는 참 포도나무요 내 아버지는 농부라 무릇 내게 붙어 있어 열매를
맺지 아니하는 가지는 아버지께서 그것을 제거해 버리시고 무릇 열매
를 맺는 가지는 더 열매를 맺게 하려 하여 그것을 깨끗하게 하시느니
라 너희는 내가 일러준 말로 이미 깨끗하여졌으니 **요 15:1-3**

예수님이 주신 명령들도 있다.

예수께서 이르시되 네 마음을 다하고 목숨을 다하고 뜻을 다하여 주
너의 하나님을 사랑하라 하셨으니 이것이 크고 첫째 되는 계명이요
둘째도 그와 같으니 네 이웃을 네 자신같이 사랑하라 하셨으니

마 22:37-39

예수님이 말씀하시는 사랑은 의도적인 사랑으로, 의지를 요
하며 믿음 가운데 행하는 사랑이다. 예수님은 다음과 같이 말씀
하시며 이 사랑의 본질을 설명하셨다.

내 계명은 곧 내가 너희를 사랑한 것같이 너희도 서로 사랑하라 하는

예수님의 명령에 순종하지 못하도록 방해하는 내면의 모든 가지를 제거해야 한다. 가지를 치는 고통스러운 상황 앞에서 주저하거나 불평하는 건, 우리 가운데 역사하시는 하나님을 방해하는 것일 뿐이다.

이런 일은 우리에게 우연히 혹은 운명처럼 일어나지 않는다. 우리를 사랑하시는 아버지께서 우리의 사랑스러운 정원사이시기에 일어난다. 하나님께서 우리에게 가장 좋은 것이 무언지 아시기에 우리는 그분을 기뻐하고 그분께 감사할 수 있다.

포트 베닝의 크리스천 장교 후보생인 존은 아내가 심한 신경쇠약을 앓고 난 후 정신병원에 입원했다는 소식을 들었다. 의사는 아내의 예후가 좋지 않다며 무기한으로 입원해야 한다고 말했다.

내 사무실에 들어온 존은 처음엔 아무 말도 하지 못했다. 슬픔으로 주름진 그의 얼굴에 눈물이 흐를 때, 그의 몸도 흐느끼며 떨렸다. 그가 힘겹게 입을 뗐다.

"왜 이런 일이 일어났을까요? 아내와 저는 선한 크리스천으로 살기 위해 애썼습니다. 하나님께서 왜 우리를 버리셨을까요?"

내가 말했다.

"하나님은 두 분을 버리지 않으셨습니다. 부인을 병원으로 보내신 진짜 목적이 있으실 겁니다. 우리 함께 무릎을 꿇고 감사하면 어떨까요?"

존이 나를 뚫어지게 바라보았다.

"목사님, 저는 루터교 신자인데 성경에서 그런 말씀은 읽어본 적이 없습니다!"

"이 구절은 어떻습니까?"

나는 성경을 펼쳐 보여주었다.

범사에 우리 주 예수 그리스도의 이름으로 항상 아버지 하나님께 감사하며 엡 5:20

존은 고개를 저었다.

"저도 그 구절은 압니다. 그 말씀은 좋은 일에 대해 하나님께 감사하라는 뜻으로 생각했습니다. 나쁜 일을 감사하는 건 왠지 성경적이지 않은 것 같습니다. 저는 바울 사도가 연약한 가운데 즐거워해야 한다고 말하는 게 조금은 극단적이라고 생각했습니다."

"나 역시 그렇게 생각했던 적이 있습니다. 하지만 바울이 옳다는 걸 깨달았지요. 그가 연약한 가운데서도 기뻐해야 한다고 말씀한 건 고통 그 자체를 즐겨야 한다는 의미는 분명 아닙니다.

다만 그는 자기의 고통을 다른 관점에서 바라보았어요. 그 고통이 더 고귀한 목적을 위해 사용되며, 자신을 향한 하나님의 애정 어린 계획의 일부임을 깨달았던 거지요."

존이 잠시 고심하더니 천천히 말했다.

"저는 잘 모르겠습니다."

내가 말을 이었다.

"바울 역시 그 교훈을 몹시 어렵게 얻었습니다. 바울이 말한 '육체의 가시'를 기억하나요?"

존은 고개를 끄덕였다.

"바울은 그 가시가 떠나가게 달라고 세 번 간구했습니다. 당시 그는 분명 자기 가시를 기뻐하지 않았어요. 그리고 하나님은 바울에게 세 번 응답하셨습니다."

나에게 이르시기를 내 은혜가 네게 족하도다 이는 내 능력이 약한 데서 온전하여짐이라 하신지라 그러므로 도리어 크게 기뻐함으로 나의 여러 약한 것들에 대하여 자랑하리니 이는 그리스도의 능력이 내게 머물게 하려 함이라 **고후 12:9**

"바울은 연약함 자체를 달가워하지는 않았습니다. 그러나 고린도 교회 교인들에게는 이렇게 말했지요."

그러므로 내가 그리스도를 위하여 약한 것들과 능욕과 궁핍과 박해
와 곤고를 기뻐하노니 이는 내가 약한 그때에 강함이라 **고후 12:10**

존은 생각에 잠긴 채 그의 성경을 천천히 넘겼다. 긴 침묵 끝에 그가 입을 열었다.

"하나님께서 모든 일 가운데 역사하고 계신다는 믿음이 있습니다. 하지만 기뻐하는 것은 제게 정말 어렵습니다."

내가 넌지시 물었다.

"믿음은 있지만 기뻐할 수 없다고 말한다면, 그건 하나님이 우리에게 가장 좋은 것을 주시기 위해 역사하고 계심을 전적으로 신뢰해 본 적이 없다는 의미 아닌가요?"

말없이 앉아 있던 존은 결심한 듯 고개를 끄덕였다.

"옳은 말씀입니다. 노력해 보겠습니다."

우리는 함께 무릎을 꿇었고, 존은 기도하면서 몸을 떨며 흐느꼈다.

"저보다 하나님이 아내를 더 사랑하신다는 걸 압니다. 그분께서 우리 부부를 위한 놀라운 계획을 이루실 줄 믿습니다."

그의 얼굴에는 눈물이 하염없이 흘러내렸지만, 눈은 새로운 확신으로 빛났다. 그가 말했다.

"목사님, 하나님이 옳은 일을 하고 계심을 제가 압니다."

며칠 뒤에 존은 아내 가까이에 머물기 위해 전출을 신청했다. 마침내 승인되었고, 그는 내게 작별 인사를 하러 왔다. 그가 들뜬 목소리로 말했다.

"가장 좋은 소식이 남아 있습니다! 하나님께서 제가 아내의 머리에 두 손을 얹고 '예수님의 이름으로' 낫게 해달라고 기도하면, 그 순간에 아내를 고쳐주겠다고 약속하셨습니다."

나는 의구심으로 속이 찌릿했다.

'간절함에 사로잡힌 존이 하나님보다 한발 앞서가면 어쩌나?'

하지만 그 순간, 성령님이 주시는 확신을 느낀 나는 존에게 손을 얹고 작별의 기도를 드렸다.

"하나님 아버지, 두 사람이 땅에서 합심하여 무엇이든지 구하면 하늘에 계신 아버지께서 그들을 위하여 이루시리라고 말씀하셨습니다(마 18:19). 이제 저와 존은, 존이 아내에게 손을 대는 그 순간에 하나님이 고치실 것을 합심하여 믿습니다."

두 주 후에 존에게서 편지가 왔다.

예수님이 말씀하신 그대로 이루어졌습니다. 제가 처음 아내를 보았을 때, 그녀는 정신과 의사의 진료실에 서 있었지요. 끔찍한 모습이었습니다. 아내의 얼굴 주름과 두 눈 가득한 두려움을 보니 가망이 없다는 생각마저 들었습니다.

하지만 하나님이 하신 말씀에 순종해야 한다고 생각했기에 아내에게

다가가 두 손을 그녀에게 올렸습니다. 바로 그 순간, 어떤 충격 같은 것이 아내를 관통했고, 저는 아내가 고침 받았음을 알았습니다. 제가 의사에게 아내가 나았다고 말하자, 의사는 저도 입원시켜야겠다고 생각하는 의심의 눈초리로 저를 바라보았어요. 하지만 다음날 병원에서 연락이 왔고, 정신과 의사가 말했습니다.

'어떻게 설명해야 할지 모르겠습니다만, 부인께서 건강해지신 것 같습니다!'

아내는 집으로 돌아왔고, 그 어느 때보다도 행복해합니다. 그녀는 자기가 겪었던 고통으로 인해 더욱 강해졌고, 저와 함께 모든 것에 감사하고 있습니다. 우리가 하나님을 찬양할 때, 그리스도의 크신 치유의 능력이 흘러나온다는 걸 깨달았습니다.

우리가 우리의 부족함을 깨닫고 인정하며 하나님 앞으로 나올 때, 그분의 능력이 우리의 연약함을 대신한다. 하지만 우리는 걸핏하면 연약함을 고백하길 부끄러워하고, 다른 사람들과 하나님이 우리의 진짜 모습을 받아들이지 않을 거라며 두려워한다. 이런 생각은 우리가 하나님의 사랑을 '얻어야 한다'라거나 하나님의 사랑을 '받을 자격을 갖추어야 한다'라는 그릇된 관념에 기반한다.

하루는 크리스천인 장군이 나를 찾아왔다. 그는 부하들 앞에서 완벽한 이미지를 보여줘야 한다는 부담감에 죽을 것 같다고 고백했다.

이야기를 나누다 보니, 겉으로 보이는 평정심과 자신감 때문에 내가 존경했던 이 남자는 한 번도 자신의 진짜 모습을 받아들이지 못한 상태였다. 그는 자기가 긴장을 늦추면 가족과 부하들에게 엄청난 실망감을 줄 거라는 두려움에 사로잡혀 있었다.

나는 그에게 하나님께서 당신을 지금 모습 그대로 창조하신 것에 대해 감사하면 긴장이 누그러질 거라고 말했다.

"지금 제 모습을 말씀하시는 겁니까? 두려움과 긴장감에 가득 차 있는 제 모습을요?"

그가 물었고, 나는 고개를 끄덕였다.

"이 우주를 창조하시고 하늘에 별들을 수놓으신 하나님께서 당신을 창조하실 때 주의를 덜 기울이셨거나 하나님이 당신을 사랑하신다는 걸 보여주시려고 당신 삶 가운데 허락하신 상황에 일부러 무관심하셨던 걸까요?"

그 장군은 몇 차례 더 내 사무실을 방문하여 성경을 공부했고 《감옥에서 찬송으로》를 흥미롭게 읽었다. 그는 하나님이 자기 삶을 향한 완벽한 계획을 갖고 계신다는 것과 그가 느껴온 압박감이 그로 하나님을 의지하게 하는 데 도움이 되었음을 조금씩 받아들였다. 그는 자신의 불안에 대해 하나님께 감사하기 시작했고, 오랜 습관처럼 굳어진 두려움이 평안함으로 점차 바뀌었다. 난생처음 자기 모습 그대로를 행복해했다.

"저의 나약한 모습을 하나님이 사랑하시지 않을 거로 생각해서 감추려 애썼고, 결과적으로 진리에서 점점 멀어졌습니다. 그런데 제 연약함을 받아들이고, 저를 그렇게 만드신 하나님께 감사하자마자, 하나님의 사랑이 저를 변화시키셨고 평안으로 충만하게 하셨습니다."

다윗은 이렇게 적었다.

만민들아 우리 하나님을 송축하며 그의 찬양 소리를 들리게 할지어다 그는 우리 영혼을 살려 두시고 우리의 실족함을 허락하지 아니하시는 주시로다 하나님이여 주께서 우리를 시험하시되 우리를 단련하시기를 은을 단련함같이 하셨으며 우리를 끌어 그물에 걸리게 하시며 어려운 짐을 우리 허리에 매어 두셨으며 사람들이 우리 머리를 타고 가게 하셨나이다 우리가 불과 물을 통과하였더니 주께서 우리를 끌어내사 풍부한 곳에 들이셨나이다
내가 나의 입으로 그에게 부르짖으며 나의 혀로 높이 찬송하였도다 내가 나의 마음에 죄악을 품었더라면 주께서 듣지 아니하시리라 그러나 하나님이 실로 들으셨음이여 내 기도 소리에 귀를 기울이셨도다

시 66:8-12,17-19

다윗은 하나님과 하나 되길 원했다. 자기 안에 조금이라도

부정한 것이 있으면, 하나님의 사랑이 자기를 가득 채우고 자신을 통해 흘러나올 수 없음을 알았다. 그래서 하나님이 자기를 깨뜨리시고 깨끗게 하시는 과정을 기꺼이 받아들였다. 그는 시험을 통해 마음속 숨은 죄, 고백하면 치유받을 수 있는 죄가 드러나자 기뻐했다.

하나님이 몸소 다윗에게 그 방법을 보여주셨다.

> 내가 수소의 고기를 먹으며 염소의 피를 마시겠느냐 감사로 하나님께 제사를 드리며 지존하신 이에게 네 서원을 갚으며 환난 날에 나를 부르라 내가 너를 건지리니 네가 나를 영화롭게 하리로다
> 감사로 제사를 드리는 자가 나를 영화롭게 하나니 그의 행위를 옳게 하는 자에게 내가 하나님의 구원을 보이리라 시 50:13-15,23

하나님의 길은 찬송의 길이다!

05
참새가
땅에 떨어질 때

악한 일에 대처하는 자세

참새 두 마리가 한 앗사리온에 팔리지 않느냐 그러나 너희 아버지께
서 허락하지 아니하시면 그 하나도 땅에 떨어지지 아니하리라 너희에
게는 머리털까지 다 세신 바 되었나니 두려워하지 말라 너희는 많은
참새보다 귀하니라 마 10:29-31

예수님은 하늘에 계신 아버지께서 모든 참새를 살피시고 우리
의 머리카락까지도 다 세신다고 제자들에게 말씀하셨다. 그러
나 참새가 땅에 떨어지는 건 엄연한 사실이다. 살다 보면 비극적
인 일이 일어난다. 죄 없는 어린아이가 음주 운전자가 몰던 자
동차에 치여 사망하거나, 사랑하는 사람이 암에 걸려 간절한 기
도에도 불구하고 세상을 떠나기도 한다.

하나님은 참새가 떨어지는 걸 막으실 수 없었을까? 우리에게

닥쳐오는 비극은? 어린아이의 죽음은? 암이 퍼지는 일은?

대부분은 하나님이 원하시기만 하면 그런 일들을 막을 능력이 그분께 있다고 믿는다. 그러면서도 '악이 선을 이기는 것처럼 보이는 일을 왜 하나님이 허용하시는가?' 하는 문제를 두고 마음속으로 씨름한다.

이에 대해 때로 하나님이 냉담하거나 무정하거나 편파적이라는 결론에 이르거나, 악에 희생되는 이들은 자신이나 다른 누군가의 죄 때문에 고통을 받는다고 생각한다. 하지만 이런 단정은 둘 다 하나님은 사랑이시고, 우리는 그분의 사랑을 받기에 합당할 만큼 의롭지 않아도 된다고 하는 성경의 복음과 대치된다.

만일 삶에 일어나는 모든 일에 대해 근본적으로 하나님의 책임이 없다고 생각하거나, 하나님이 이따금 고통에 무관심하시다고 생각한다면, 범사에 그분을 찬양하는 건 불가능하다.

성경은 "악을 미워하라"라고 말씀한다. 그런데 악한 일에 대해서도 하나님께 감사하는 게 옳은지를 묻는 내용의 편지를 종종 받는다. 그들은 이런 말씀을 인용한다.

여호와를 사랑하는 너희여 악을 미워하라 그가 그의 성도의 영혼을 보전하사 악인의 손에서 건지시느니라 시 97:10

이 말씀은 우리가 악을 인정하거나, 행하거나, 옹호하거나, 악에 굴복해서는 안 된다는 뜻이다. 악한 상황에 대해 하나님께 감사하고 그분을 찬양하는 건 악을 인정한다는 뜻이 아니다. 바울이 고난 가운데 기뻐한다고 말한 건 하나님이 그 악한 상황 가운데서 역사하심을 알았기에 한 말이었다.

하나님은 악이 우리를 조종하기를 원치 않으신다. 그분은 사람을 창조하실 때, 자유 의지와 악을 행할 능력을 함께 주셨다. 악은 하나님의 허락 아래 이 세상에 남아 있지만, 언제나 그분의 뜻에 따르게 되어 있다. 그분의 허락 없이는 그 어떤 악도 우리에게 가까이 다가올 수 없다.

악은 분명히 존재한다. 그래서 하나님은 그분의 아들을 이 땅에 보내사 십자가에서 죽게 하셨다. 그 결과 하나님을 믿고자 하는 모든 사람의 삶 가운데서 악의 능력을 깨뜨리셨다.

믿는 우리는 세상을 이길 힘을 이미 받았다.

예수께서 그리스도이심을 믿는 자마다 하나님께로부터 난 자니 또한 낳으신 이를 사랑하는 자마다 그에게서 난 자를 사랑하느니라 무릇 하나님께로부터 난 자마다 세상을 이기느니라 세상을 이기는 승리는 이것이니 우리의 믿음이니라 요일 5:1,4

그렇다면 이 믿음은 무엇에 근거하는가? 세상을 이기기 위해 무엇을 믿어야 하는가? 우리는 예수 그리스도를 믿는다. 그러나 그게 끝이 아니다. 예수 그리스도를 온전히 믿는다는 건, 하나님이 친히 말씀하신 것처럼 그분이 전능하신 하나님이며, 그렇기에 하나님이 알지 못하거나 허락하지 않으시는 일은 일어날 수 없음을 받아들이는 것이다.

이 사실을 굳게 믿고, 우리를 둘러싼 명백히 악한 상황에 대해서 하나님을 찬양하면, 모든 어려운 상황과 비극이 하나님의 손길로 변화되리라 확신할 수 있다.

내가 이렇게 말하면, 혹자는 하나님께서 우리가 생각하기에 좋은 쪽으로 상황을 바꾸실 거라고 성급하게 결론 내릴지도 모른다. 하지만 내 말은 그런 뜻이 아니다.

우리가 어떤 악한 상황에 대해 하나님께 감사하고 찬양하며 그것을 온전히 맡길 때, 그분의 능력이 나타날 것이다. 하나님의 능력은 그 상황을 지배하는 악한 계획을 그분의 완벽한 계획으로 변화시켜 승리할 것이다. 우리가 하나님의 계획을 이해하지 못하거나 그것이 선하다는 걸 깨닫지 못해도, 하나님을 찬양하면 그분의 능력이 우리의 유익을 위해 그 상황 가운데 역사하신다.

우리가 가진 선악의 개념은 안타깝게도 왜곡되어 있다. 예를 들어, 한 아이가 십억을 상속받았다고 하면 사람들은 "굉장해요!"라고 반응한다. 그런데 한 아이가 죽어서 천국에 갔다고 하면 "비극적이에요!"라고 말한다. 하지만 다시 생각해 보면, 천국에 가는 거야말로 좋은 일이고, 막대한 유산이 낭비와 방탕한 삶으로 이어질 수 있다는 것도 알고 있다.

우리는 흔히 모든 상황에서 하나님을 찬양하면, 어떤 참새는 땅에 떨어지지 않고, 어떤 어린아이는 죽지 않으며, 어떤 암은 증식을 멈추고 사라질 거라고 믿는다. 그러나 이것이 우리가 하나님을 찬양하는 동기가 되어서는 안 된다. 어떤 참새는 여전히 땅에 떨어지고, 어떤 어린아이는 끝내 죽으며, 어떤 사람은 암에 굴복할 것이다. 이럴 때도 하나님 찬양하기를 멈추지 말아야 한다.

악을 올바르게 바라보라

이제까지 우리는 하나님께 우리를 향한 계획과 목적이 있으시며 우리 삶 가운데 악을 허락하신 것에 대해 그분을 찬양해야 한다고 들었다. 그다음에는 무엇을 해야 할까? 우리가 악한 세력과 정면으로 마주한다면 어떻게 반응해야 할까? 크리스천들은 이에 대해 여러 모호한 생각을 한다.

예수님은 제자들에게 "악한 자를 대적하지 말라"라고 하셨다(마 5:39). 하지만 예수님은 성전에서 소와 양과 비둘기를 팔고 환전하는 사람들을 보시고는, "노끈으로 채찍을 만드사 양이나 소를 다 성전에서 내쫓으시고 돈 바꾸는 사람들의 돈을 쏟으시며 상을 엎으"셨다(요 2:15). 악에 대해 분명한 행동을 취하셨다. 그러나 또 겟세마네 동산으로 자신을 잡으러 온 남자에게는 저항하지 않으셨고, 칼을 들고 예수님을 지키려던 베드로를 꾸짖으셨다.

따라서 어떤 경우에는 악한 세력에 대해 분명한 행동을 취하도록 우리를 인도하실 것이고, 또 다른 경우에는 우리가 저항하지 않고 순종하도록 이끄실 것이다. 그렇다면 어떤 경우에 어떤 행동을 취해야 할지, 어떻게 알 수 있는가?

먼저 우리에게는 악을 이길 능력이 전혀 없음을 깨달아야 한다. 이기는 권세는 하나님께만 있다. 우리를 향한 하나님의 뜻은, 우리가 이기는 능력의 원천이신 하나님께 집중하는 법을 배워야만 하며, 우리 앞에 놓인 악으로 관심을 돌려서는 안 된다는 거다. 그럴 때, 하나님께서 매 순간 어떻게 행동할지 우리에게 알려주실 것이다.

바울이 로마인들에게 말했다.

예수님이 붙잡혀 십자가에 못 박히신 사건의 경우, 예수님은 악에 굴복하셔서 세상에 있는 악의 권세를 깨뜨리셨다. 악에 저항하는 일반적인 방식보다 악에 대처하는 더 나은 방법이 있음을 보여주셨다.

우리가 생각하는 '저항'이란 무력에 맞서 무력을 사용하여 똑같이 대응하는 것이기에, 그 상황 가운데 계시는 하나님의 임재하심과 인도하심보다는 우리를 방해하는 악한 상황에 반응하기 마련이다. 그러나 상황을 완벽하게 통제하시는 하나님의 능력을 믿지 않고 우리를 둘러싼 악한 상황에 자극받아 행동하면, 하나님의 능력으로 악을 이기기보다는 악이 우리를 통제하도록 내버려 두는 것과 같다.

예수님은 평화주의자가 아니시다. "악한 자를 대적하지 말라" 말씀하신 건, 그러는 대신에 악을 지배하시는 하나님의 능력을 적극적으로 깨닫고, 때로는 선하신 하나님의 계획을 실현하기 위해 악한 것처럼 보이는 상황을 사용하실 때도 있음을 깨달아야 한다는 뜻이다.

이런 경우, 악에 저항하는 건 하나님의 완벽한 계획을 훼방하는 게 될 수도 있다. 만약 예수님의 제자들이 겟세마네 동산에서 예수님이 잡혀가시는 걸 저지하는 데 성공했다면, 겉으로는 악에 승리한 것처럼 보여도 실상 하나님의 계획에 간섭한 셈이 된다. 예수님은 우리에게 정복자가 되는 법을 가르치러 오셨지, 찍소리 못 내고 패배자가 되는 법을 가르치러 오신 게 아니었다.

야고보와 베드로는 '사단에 대항하여 믿음 안에 굳게 서라'라고 말했다. 두 사도가 전하는 말의 맥락을 살펴보면, 예수님과 바울에게 전적으로 동의하고 있음이 분명하다.

> 그런즉 너희는 하나님께 복종할지어다 마귀를 대적하라 그리하면 너희를 피하리라 **약 4:7**

> 근신하라 깨어라 너희 대적 마귀가 우는 사자같이 두루 다니며 삼킬 자를 찾나니 너희는 믿음을 굳건하게 하여 그를 대적하라 이는 세상에 있는 너희 형제들도 동일한 고난을 당하는 줄을 앎이라 **벧전 5:8,9**

사단의 능력에 대항하는 우리의 방어 수단은 하나님의 능력이다. 하나님이 우리를 둘러싼 상황의 모든 세세한 부분을 완벽하게 사랑으로 통제하고 계신다는 믿음 위에 굳게 설 때, 하나님의 전능하신 능력이 드러난다. 우리는 그 상황으로 인해 하나님께 감사하고 그분을 찬양하며 믿음을 표현하면 된다.

우리는 원수의 공격을 주의하여 지켜봐야 한다는 얘기를 듣지만, 사단이 아닌 하나님께 주의를 집중해야 한다. 물론 원수에 대해서도 잘 알아야 하지만, 우리의 안전은 원수를 지켜보는 데 있지 않고 하나님의 능력을 아는 데 있기 때문이다.

두려움과 의심, 악의 존재에 대한 집착이 마음을 장악하도록 내버려 두면, 하나님의 능력이 그 상황에 개입하지 못하게 된다. 우리는 전능하신 하나님의 능력에 의존하여 악을 올바르게 바라보는 법을 배워야 한다. 그리고 하나님의 능력이 그분의 완벽한 계획에 따라 우리의 유익을 위해 모든 일에 역사하시도록 해야 한다.

우리의 역할은 믿음 위에 굳게 서서, 그 상황 가운데 외면으로 드러나는 우리의 행동을 인도하실 성령님의 이끄심에 순종하는 것이다. 내면적으로는, 항상 하나님만 바라보면서 모든 일에 선하심과 인자하심을 베푸시는 그분을 찬양하고 감사하는 것이다. 믿음 위에 굳게 선다는 건, 자신의 감정이나 외부 환경이 어떻든 하나님이 책임지신다는 말씀을 믿기로 뜻을 정한다는 의미다.

하나님의 손길을 알아차리기 어려울 때

성경은 하나님께서 모든 폭풍우와 지진, 회오리바람과 태풍, 전쟁과 기근과 전염병, 출생과 죽음, 들판의 꽃, 하늘의 참새와 사람의 머리카락까지 주관하신다고 분명히 말씀한다. 우리는 이 모든 일을 하시는 하나님을 믿을지 말지를 결정해야만 한다.

누군가는 이렇게 말한다.

"하나님이 책임지신다는 건 알겠는데, 모든 것을 주관하시는 지는 잘 모르겠어."

이는 범사에 그분께 감사하기에 적절하지 않은 생각이다. 우리가 하나님의 손길을 보지 않으려는 어떤 부분에서는 그분의 능력을 기대할 수 없게 되기 때문이다. 그렇다면 하나님의 손길을 알아차리는 데 어려움을 겪는 부분에 대해 성경은 어떻게 말씀하는지 살펴보자.

1. 악을 들어 쓰시기도 한다

하박국은 오늘날 세상을 향해 불평하는 우리처럼 자국의 처지를 불평하던 선지자였다.

> 여호와여 내가 부르짖어도 주께서 듣지 아니하시니 어느 때까지리이까 합 1:2

그는 절규했다(심지어 그는 하나님이 듣지 않으신다고 생각했다. 오늘날 크리스천 중에도 그에게 동감하는 사람이 있는 것 같다).

> 내가 강포로 말미암아 외쳐도 주께서 구원하지 아니하시나이다 어찌

하여 내게 죄악을 보게 하시며 패역을 눈으로 보게 하시나이까 겁탈과 강포가 내 앞에 있고 변론과 분쟁이 일어났나이다 이러므로 율법이 해이하고 정의가 전혀 시행되지 못하오니 이는 악인이 의인을 에워쌌으므로 정의가 굽게 행하여짐이니이다 합 1:2-4

당신은 현재 조국의 현실을 바라보며, 이런 생각을 입 밖으로 내본 적이 있는가? 나는 있다.

하나님이 하박국에게 응답하셨다.

여호와께서 이르시되 너희는 여러 나라를 보고 또 보고 놀라고 또 놀랄지어다 너희의 생전에 내가 한 가지 일을 행할 것이라 누가 너희에게 말할지라도 너희가 믿지 아니하리라 보라 내가 사납고 성급한 백성 곧 땅이 넓은 곳으로 다니며 자기의 소유가 아닌 거처들을 점령하는 갈대아 사람을 일으켰나니 합 1:5,6

하나님은 사납고 성급한 백성을 일으켜 세상을 점령하도록 하겠다고 말씀하셨다. 이후로 세상에 일어난 군대 중에 다른 방법으로 등장한 군대가 있었는가?

하나님은 단순히 갈대아 사람들이 점령하도록 허락하신 게 아니라 그들을 일으키셨다. 오늘날 우리는 (이를테면 공산주의 같은) 악이 일어서는 것에 대해 하나님께 기꺼이 감사할 수 있는가? 악을 사용하셔서 우리의 유익을 위해 작동하도록 하시겠다는 말씀을 받아들일 수 있겠는가? 그로 인해 하나님을 찬양할 수 있는가?

하박국은 하나님께서 작정하신 일을 듣고는 충격에 빠진다.

> 여호와 나의 하나님, 나의 거룩한 이시여 주께서는 만세 전부터 계시지 아니하시니이까 우리가 사망에 이르지 아니하리이다 여호와여 주께서 심판하기 위하여 그들을 두셨나이다 반석이시여 주께서 경계하기 위하여 그들을 세우셨나이다 주께서는 눈이 정결하시므로 악을 차마 보지 못하시며 패역을 차마 보지 못하시거늘 어찌하여 거짓된 자들을 방관하시며 악인이 자기보다 의로운 사람을 삼키는데도 잠잠하시나이까 **합 1:12,13**

하나님께서 악하고 잔인한 이들이 무고한 자들에게 상처 주는 것을 왜 허용하시는지 의아한 적이 있는가? 나는 있다.

하박국이 계속 말한다.

> 주께서 어찌하여 사람을 바다의 고기 같게 하시며 다스리는 자 없는 벌레 같게 하시나이까 그가 낚시로 모두 낚으며 그물로 잡으며 투망으로 모으고 그리고는 기뻐하고 즐거워하여
> 그가 그물을 떨고는 계속하여 여러 나라를 무자비하게 멸망시키는

것이 옳으니이까 합 1:14,15,17

하나님은 하박국의 질문에 귀 기울이시고는, 그에게 온 세상이 보고 기억할 수 있게 답을 받아적으라고 말씀하셨다.

이 묵시는 정한 때가 있나니 그 종말이 속히 이르겠고 결코 거짓되지 아니하리라 비록 더딜지라도 기다리라 지체되지 않고 반드시 응하리라 합 2:3

하나님은 결코 늦으시는 법이 없다! 그분의 타이밍이 완벽함에도 우리는 종종 불평한다. 그것은 우리의 시간표가 잘못된 까닭이다.
하나님이 하박국에게 말씀하셨다.

보라 그의 마음은 교만하며 그 속에서 정직하지 못하나 의인은 그의 믿음으로 말미암아 살리라 합 2:4

갈대아인들은 결국 망할 것이다. 그들은 자기의 오만함에 배신당할 것이며 욕심에 휩쓸려 사라질 것이다. 겉으로 보이는 그들의 영광은, 그들의 악이 낳은 결과가 발목을 잡아 부끄러움으로 바뀔 것이다. 하나님의 영광을 인정하는 것이 온 땅을 가득 채울 때가 올 것이다(합 2:14).

하나님의 크신 계획을 깨달은 하박국은 의기양양하여 하나님을 찬양하며 큰 소리로 외쳤다.

여호와여 내가 주께 대한 소문을 듣고 놀랐나이다 여호와여 주는 주의 일을 이 수년 내에 부흥하게 하옵소서 이 수년 내에 나타내시옵소서 진노 중에라도 긍휼을 잊지 마옵소서 하나님이 데만에서부터 오시며 거룩한 자가 바란 산에서부터 오시는도다 (셀라) 그의 영광이 하늘을 덮었고 그의 찬송이 세계에 가득하도다 그의 광명이 햇빛 같고 광선이 그의 손에서 나오니 그의 권능이 그 속에 감추어졌도다 역병이 그 앞에서 행하며 불덩이가 그의 발밑에서 나오는도다 그가 서신즉 땅이 진동하며 그가 보신즉 여러 나라가 전율하며 영원한 산이 무너지며 무궁한 작은 산이 엎드러지나니 그의 행하심이 예로부터 그러하시도다 합 3:2-6

하박국은 자신이 목격한 환상에 압도되었다. 불, 지진, 전염병, 기근, 전쟁을 통제하시는 하나님에 대해 더 이상 의문을 품지 않았다. 그의 입술은 두려움으로 떨었고, 다리는 힘이 풀렸다. 그는 두려움에 온몸을 떨며 하나님을 찬양했다.

비록 무화과나무가 무성하지 못하며 포도나무에 열매가 없으며 감

람나무에 소출이 없으며 밭에 먹을 것이 없으며 우리에 양이 없으며
외양간에 소가 없을지라도 나는 여호와로 말미암아 즐거워하며 나의
구원의 하나님으로 말미암아 기뻐하리로다 **합 3:17,18**

하박국은 하나님이 보여주신 앞날에 대한 환상을 보고 공포
에 떨었다. 그러나 사랑과 정의와 자비의 하나님이심을 깨달았
고, 이스라엘을 향한 그분의 완벽한 계획을 찬양했으며, 주저 없
이 자신을 하나님 손에 완전히 맡겼다.

하나님은 우리에게도 그분을 찬양하라고 명하신다. 우리를
향한 하나님의 계획이 겉으로 드러나는 상황 때문에 입술을 두
려움에 떨게 하고, 온몸을 공포에 떨게 하더라도 말이다.

2. 이해하려 하지 말고, 그분의 선하심을 믿으라

하나님은 바사 왕 고레스를 일으켜 많은 민족을 정복하고 짓
밟게 하실 것을, 선지자 이사야를 통해 자기 백성에게 말씀하셨
다. 고레스는 그리스도를 알지 못했지만, 하나님은 그를 사용
하여 바벨론에 포로로 잡혀 온 유대인들을 고향으로 데려와 성
전과 예루살렘을 재건하게 하기로 작정하셨다.

하나님은 왜 이방인 고레스를 선택하여 그분의 목적을 이루시
려 한 걸까? 의문을 제기하는 사람들에게 하나님이 대답하셨다.

나는 빛도 짓고 어둠도 창조하며 나는 평안도 짓고 환난도 창조하나니 나는 여호와라 이 모든 일들을 행하는 자니라 하였노라

질그릇 조각 중 한 조각 같은 자가 자기를 지으신 이와 더불어 다툴진대 화 있을진저 진흙이 토기장이에게 너는 무엇을 만드느냐 또는 네가 만든 것이 그는 손이 없다 말할 수 있겠느냐

이스라엘의 거룩하신 이 곧 이스라엘을 지으신 여호와께서 이같이 이르시되 너희가 장래 일을 내게 물으며 또 내 아들들과 내 손으로 한 일에 관하여 내게 명령하려느냐 내가 땅을 만들고 그 위에 사람을 창조하였으며 내가 내 손으로 하늘을 펴고 하늘의 모든 군대에게 명령하였노라 내가 공의로 그를 일으킨지라 그의 모든 길을 곧게 하리니 그가 나의 성읍을 건축할 것이며 사로잡힌 내 백성을 값이나 갚음이 없이 놓으리라 만군의 여호와의 말이니라 하셨느니라 사 45:7,9,11-13

우리를 둘러싼 모든 상황 속에서 하나님의 손길을 보기를 거부한다면, 마치 질그릇이 토기장이와 다투는 것이나 다름없다.

우리는 이렇게 말한다.

"내가 하나님이라면 저런 식으로 일하진 않을 거야. 페루에 지진을 일으키지 않고, 어린 여아가 백혈병으로 죽도록 내버려 두지 않고, 저 거짓을 외치는 설교자가 사람들을 속여 잘못된 길로 인도하게 내버려 두진 않을 거야. 그리고 마약 밀매자들이 절대 아이들을 유혹하지 못하게 할 거야!"

우리가 이런 문제들을 어떻게 생각하는지, 우리의 이해력이 얼마나 제한적인지 하나님은 다 알고 계신다.

하나님이 선지자 이사야를 통해 말씀하셨다.

> 이는 내 생각이 너희의 생각과 다르며 내 길은 너희의 길과 다름이니라 여호와의 말씀이니라 이는 하늘이 땅보다 높음같이 내 길은 너희의 길보다 높으며 내 생각은 너희의 생각보다 높음이니라 이는 비와 눈이 하늘로부터 내려서 그리로 되돌아가지 아니하고 땅을 적셔서 소출이 나게 하며 싹이 나게 하여 파종하는 자에게는 종자를 주며 먹는 자에게는 양식을 줌과 같이 내 입에서 나가는 말도 이와 같이 헛되이 내게로 되돌아오지 아니하고 나의 기뻐하는 뜻을 이루며 내가 보낸 일에 형통함이니라 사 55:8-11

하나님의 계획에 대한 우리의 회의감과 실망감은 그분을 불신하는 데 원인이 있다. 우리는 하나님이 우리에게 가장 좋은 것을 염두에 두고 계심을 확신하지 못한다.

'왜 하나님은 음주 운전자가 하나님을 찾게 만드시려고 무고한 어린아이가 그의 차에 치여 죽도록 내버려 두시는가? 왜 하나님은 죽은 어린아이나 슬픔에 빠진 부모보다 음주 운전자의 영혼에 더 관심이 있으신 걸까?'

이런 질문을 마음속으로 끝없이 되뇌고 또 되뇐다. 그러나 괴로워하는 동안 평안을 얻지 못하고 상황도 달라지지 않는다. 이 딜레마에서 벗어날 유일한 방법은, 하나님이 '믿음'에 대해 하신 말씀을 받아들이는 것이다. 우리가 무엇을 생각하고, 느끼고, 보든지 간에 하나님을 신뢰하는 것 말이다.

하나님의 말씀은 그분이 우리를 사랑하시며, 무고한 아이의 죽음은 그 일을 통해 영향을 받은 모든 사람의 삶을 향한 하나님의 사랑의 계획에 정확히 들어맞는다는 것이다. 우리를 향한 하나님의 사랑은 우리가 성경의 모든 약속을 받아들이는 것처럼 오직 믿음으로만 받아들일 수 있다. 사랑을 받는다고 느끼든, 그렇지 않든 하나님이 그렇다고 말씀하시므로, 우리는 이 하나님의 사랑을 믿기로 결단해야 한다.

복음은, 하나님께서 인간의 그 어떤 사랑보다 더 온유하고, 더 오래 참고, 더 견디며, 우리의 행복과 안녕을 위해 염려하는 사랑으로 우리를 사랑하신다는 사실이다. 하나님은 우리를 사랑하시며 우리 삶을 향한 완벽한 계획을 갖고 계신다. 고통으로 가득 찬 세상에서 풍성한 기쁨과 평안이 넘치는 새 생명을 주시려고 자기 아들을 보내어 우리를 위해 죽게 하셨다.

제한적인 인간의 이해력으로는 장엄한 하나님의 계획을 이해할 수 없다. 지진과 전쟁, 고통과 죽음을 사용하여 그분의 계획을 이루고자 하신다는 사실에, 우리는 하박국처럼 충격에 빠진다. 그러나 하나님의 계획은 완벽하다. 그것은 인간의 반역과 악이 만연한 이 땅에서 성공한 유일한 계획이다. 인류 역사 이래 인간이 스스로 삶의 질서를 잡는다면서 정작 쳐놓은 난장판을 보라!

하나님은 그분의 계획을 사람이 성공시킬 수 없다고 이사야에게 말씀하셨다. 하나님의 생각은 우리의 생각보다 훨씬 높고, 하나님의 관점은 우리의 관점보다 훨씬 선명하기 때문이다. 하나님은 우리에게 가장 좋은 것만을 원하신다.

> 너희는 기쁨으로 나아가며 평안히 인도함을 받을 것이요 산들과 언덕들이 너희 앞에서 노래를 발하고 들의 모든 나무가 손뼉을 칠 것이며 잣나무는 가시나무를 대신하여 나며 화석류는 찔레를 대신하여 날 것이라 이것이 여호와의 기념이 되며 영영한 표징이 되어 끊어지지 아니하리라 사 55:12,13

하나님은 우리에게 축복을 소나기처럼 쏟아붓기를 원하시며, 삶의 사소한 부분까지 우리를 돌보길 원하신다. 그러나 우리는 그분이 자기를 바라보고 신뢰하라고 명하셨음에도, 하나님의 계획의 겉으로 드러나는 상황만을 보려 고집하고, 그것이 무얼 의미하며 어떻게 맞아떨어지는지를 추측하려 한다.

자신을 하나님께 맡기기 전에 그분의 계획을 이해해야만 따르겠다고 고집을 피운다면, 우리의 이해력(혹은 이해력의 부족)은 하나님과 우리 사이에 벽을 만들 것이다. 그러므로 우리가 맨 처음 하나님 앞에 나아왔던 것처럼, 이해하기에 앞서 그분의 뜻과 계획을 받아들여야 한다.

하나님이 무슨 일을 하고 계시는지 알고 이해하고 싶은 욕구를 무시하고서라도, 하나님의 말씀을 신뢰하기로 한 결심에 전력을 기울여야 한다.

3. 극한의 시험으로 믿음을 뒤흔드실 때도 있다

우리를 향한 하나님의 계획은 선하다. 이 사실을 믿는가? 욥을 향한 하나님의 계획은 선했다. 하지만 그 계획은 욥의 믿음을 극한까지 시험했고, 그의 이해력을 뒤흔들었다. 욥은 선한 사람이었다. 실제로 하나님은 그에 대해 이렇게 말씀하셨다.

> 여호와께서 사탄에게 이르시되 네가 내 종 욥을 주의하여 보았느냐 그와 같이 온전하고 정직하여 하나님을 경외하며 악에서 떠난 자는 세상에 없느니라 **욥 1:8**

그래서 욥에게 무슨 일이 일어났는가? 소 떼와 농작물 등 그가 가진 걸 모두 잃었다. 또 지붕이 무너져 자녀가 다 죽고 말았다. 당신이나 이웃에게 이런 일이 생긴다면, 하나님이 하신 일이라고 말하겠는가, 사단이 한 일이라고 하겠는가?

욥의 경우는 사단이었다. 어떻게 이런 일이 일어났는가? 사단이 하나님께 나아가 욥을 괴롭힐 권한을 달라고 요구했다. 인생이라는 한 편의 연극에서 사단은 자기가 맡은 역할을 연기하는 배우일 수는 있지만, 연출가는 여전히 하나님이시다.

이때 욥은 어떻게 반응했는가? 하나님 앞에 나아와 땅바닥을 뒹굴며 슬픔에 잠겨 옷을 찢었다.

> 이르되 내가 모태에서 알몸으로 나왔사온즉 또한 알몸이 그리로 돌아가올지라 주신 이도 여호와시요 거두신 이도 여호와시오니 여호와의 이름이 찬송을 받으실지니이다 하고 **욥 1:21**

그러나 욥의 불행은 거기서 끝나지 않았다. 사단이 찾아와 욥을 괴롭힐 권한을 한 번 더 요구했고, 하나님은 허락하셨다.

이번엔 종기가 욥의 온몸을 뒤덮어 쳐다보기 힘들 만큼 흉측한 모습이 되었다. 그의 아내마저 그에게 하나님을 저주하고 죽으라고 했고, 평소 욥을 존경했던 이웃들도 그를 조롱하고 외면했다. 가장 친한 세 친구는, 욥이 지은 죄 때문에 고통당하는 거라고 하면서 회개하라고 충고했다.

욥은 하나님이 자기를 불행하게 만드셨음을 의심하지 않았다. 그는 큰 소리로 자비를 구했지만, 이 고통은 자신의 죄로 인한 게 아님을 굳게 믿었다. 욥은 자신이 의로운 사람이며, 하나님을 신뢰함을 알고 있었다.

> 그가 나를 죽이시리니 내가 희망이 없노라 그러나 그의 앞에서 내 행위를 아뢰리라 욥 13:15

'하나님이 만사를 주관하신다'라는 욥의 믿음은 끝내 흔들리지 않았지만, 그의 이해력은 하나님의 목적과 방법에 의문을 품었다. 우리는 한 번쯤 욥이 가졌던 의문을 품게 된다.

"하나님, 왜 가난을 방관하십니까? 왜 무고한 사람이 고통받게 하십니까? 왜 사악한 자가 편안하고 안락하게 삽니까? 왜 제 간구를 듣지 않으십니까? 저를 죽여주실 순 없나요? 그러면 이 고통이 끝나고, 하나님 곁에서 쉴 수 있을 텐데요."

욥을 향한 하나님의 응답은 아버지가 아들에게 하는 호된 꾸지람이었다(욥 38:4,12,24,31,32,36; 39:5,19,27; 40:2).

이에 대해 욥이 말했다.

> 보소서 나는 비천하오니 무엇이라 주께 대답하리이까 손으로 내 입을 가릴 뿐이로소이다 내가 한 번 말하였사온즉 다시는 더 대답하지 아니하겠나이다 욥 40:4,5

하나님은 계속 그분이 창조하신 것의 인상적인 목록, 곧 동물들과 그들의 습성과 힘, 모든 사람을 다스리시는 그분의 능력 등을 말씀하셨다.

아무도 그것을 격동시킬 만큼 담대하지 못하거든 누가 내게 감히 대항할 수 있겠느냐 누가 먼저 내게 주고 나로 하여금 갚게 하겠느냐 온 천하에 있는 것이 다 내 것이니라 욥 41:10,11

욥이 대답했다.

주께서는 못 하실 일이 없사오며 무슨 계획이든지 못 이루실 것이 없는 줄 아오니 무지한 말로 이치를 가리는 자가 누구니이까 나는 깨닫지도 못한 일을 말하였고 스스로 알 수도 없고 헤아리기도 어려운 일을 말하였나이다
내가 주께 대하여 귀로 듣기만 하였사오나 이제는 눈으로 주를 뵈옵나이다 그러므로 내가 스스로 거두어들이고 티끌과 재 가운데에서 회개하나이다 욥 42:2,3,5,6

여호와 하나님은 욥이 고통받는 이유를 오해한 세 친구에게도 가혹하게 말씀하셨다. 그들이 잘못되었다고 하시고, 번제를 드리라고 명령하신 후에 욥이 그들을 위해 기도하게 하셨다.

> 욥이 그의 친구들을 위하여 기도할 때 여호와께서 욥의 곤경을 돌이키
> 시고 여호와께서 욥에게 이전 모든 소유보다 갑절이나 주신지라
>
> 욥 42:10

흥미로운 것은, 욥이 자기를 잘못 고발한 사람들을 위해 기도
한 뒤에 하나님이 그를 축복하셨다는 사실이다.

이로써 욥은 교훈을 얻었다. 그는 우주를 움직이시는 하나님
께 더 이상 의문을 제기하지 않을 것이다. 더 이상 자연적인 감
각만으로 보고 듣고 이해하는 게 아니라 새로운 영적 통찰력으
로 이해할 것이다.

하나님은 욥을 위한 완벽한 계획을 갖고 계셨다. 비록 사단이
그에게 시련을 주었지만, 이는 욥에게 더 큰 믿음과 지혜를 주시
고 하나님이 얼마나 위대하고 사랑이 많은 분인지를 보여주시려
고 그분이 허락하신 일이었다.

4. 연이은 불행 끝에 완벽한 승리를 이루신다

하나님은 모압 여인 룻을 위해서도 완벽한 계획을 갖고 계셨
다. 하지만 불행이 그녀 뒤를 따라다니는 것처럼 보였다. 그녀
는 남편을 잃었다. 그래서 시어머니와 함께 베들레헴으로 돌아
왔는데, 너무 가난했기에 부유한 농부의 밭에서 이삭을 주워야
만 했다.

하지만 그녀는 하나님을 신뢰했고, 그 밭에서 죽은 남편의 부유한 친척인 보아스를 만났다. 보아스는 룻과 사랑에 빠졌고, 두 사람은 결혼했다. 하나님의 계획은 이루어졌고, 룻은 다윗왕의 할머니가 되었다.

또 요셉을 위한 하나님의 완벽한 계획은 어떤가? 하나님은 그가 애굽 왕 바로의 심복이 되도록 하셨다. 왜냐하면 적당한 때에 그를 사용하셔서 이스라엘에 있는 가족들을 기근에서 구하기로 작정하셨기 때문이다.

요셉의 형들은 그를 애굽으로 향하던 상인 무리에게 노예로 팔았다. 이건 하나님의 계획에서 첫걸음이었지만, 요셉의 형들은 동생이 미워서 그를 해하려고 했을 뿐, 자신들이 하나님의 목적대로 가고 있음을 전혀 몰랐다.

이후 요셉은 유력한 애굽 사람의 신뢰를 받는 종이 되어 출세가도를 달리는 듯했다. 그런데 주인의 아내를 강간하려 했다는 혐의로 부당하게 고발당해 감옥에 갇혔다. 이런 일이 당신에게 일어난다면, 당신은 사단이 승리했다고 생각하겠는가, 아니면 하나님의 완벽한 계획의 일부로 받아들이겠는가?

하나님은 요셉이 감옥에서 바로의 신하를 만나 그의 꿈을 해몽하게 하셨다. 요셉은 그 신하에게 자신의 사면을 바로에게 간청해 달라고 부탁했다. 신하는 약속했지만, 까맣게 잊고 말왔다. 그 후 요셉은 또다시 이 년을 감옥에서 보냈다. 마치 불행한 운명의 장난처럼 보였다. 하지만 하나님의 타이밍은 완벽했다.

어느 날, 바로가 이상한 꿈을 두 번 꾸었는데 아무도 해석하지 못했다. 건망증이 심한 신하는 몇 년 전 감옥에서 만난 청년이 갑자기 떠올랐고, 요셉을 바로 앞에 불러냈다. 하나님은 바로가 꾼 꿈의 의미를 요셉에게 알려주셨다. 칠 년간 풍성히 수확한 후에 칠 년간 극심한 기근이 이어진다는 내용이었다. 꿈풀이를 받아들인 바로는 요셉을 책임자로 임명하여 칠 년의 풍년 동안 곡물을 거두어 저장하게 했고, 이어지는 칠 년의 흉년 동안 백성에게 분배하게 했다.

요셉의 형들이 곡물을 사려고 애굽으로 왔을 때, 요셉은 자기 신분을 밝혔다. 형들이 두려움과 후회로 괴로워하며 그 앞에 엎드리자, 요셉이 말했다.

당신들이 나를 이곳에 팔았다고 해서 근심하지 마소서 한탄하지 마소서 하나님이 생명을 구원하시려고 나를 당신들보다 먼저 보내셨나이다

그런즉 나를 이리로 보낸 이는 당신들이 아니요 하나님이시라 하나님이 나를 바로에게 아버지로 삼으시고 그 온 집의 주로 삼으시며 애굽 온 땅의 통치자로 삼으셨나이다 창 45:5,8

당신들은 나를 해하려 하였으나 하나님은 그것을 선으로 바꾸사 오늘과 같이 많은 백성의 생명을 구원하게 하시려 하셨나니 **창 50:20**

하나님의 의도는 선했다. 우리는 성경 말씀대로 하나님께 모든 것이 합력하여 선을 이루게 하실 능력이 있다고 믿지만, 그분이 우리에게 일어나는 무슨 일이든지 취하셔서 그것을 최대한 이용하여 일종의 간접 축복을 내리실 때가 더 많다고 생각한다. 그러나 하나님은 그렇게 소극적이지 않으시다. 그분은 좋지 않은 상황에서 최선을 끌어내는 데서 그치지 않으신다. 주도권은 하나님께 있다! 이 사실을 자주 상기할 필요가 있다.

5. 고난 가운데 찬양하게 하신다

스데반이 돌에 맞아 죽었을 때도(행 7장) 하나님은 주도권을 갖고 계셨다. 스데반은 성령으로 충만했고, 충실하게 주님을 섬겼다. 그가 돌에 맞아 죽었을 때, 크리스천을 박해하던 성난 청년이었던 다소 사람 사울도 구경꾼들 사이에 있었다.

스데반은 하나님이 그 상황을 주관하고 계심을 온전히 신뢰했다. 그래서 거칠게 돌이 날아들어도 무릎을 꿇고 앉아 크게 부르짖었다.

"주여, 이 죄를 그들에게 돌리지 마옵소서!"

그는 죽음 앞에서 박해자들이 그에게 악을 행할지라도 하나님이 선으로 바꾸실 수 있음을 알고 있었다.

만일 당신 주변의 예수님과 가장 닮은 사람이 죽임을 당했다면, 그 비극을 하나님께서 아주 큰 선을 위해 사용하셨다고 믿고 감사할 수 있겠는가!

다소 사람 사울은 다메섹으로 가는 길에 놀라운 회심을 경험했다. 이후 사도 바울이 된 그는 복음을 전파하는 과정에서 불상사처럼 보이는 일들을 많이 경험했다.

한번은 바울과 실라가 빌립보에 갔을 때, 두 사람은 성을 요란하게 한 죄로 고발당해 옷이 찢기고 등에 피가 흐를 때까지 채찍으로 맞았다. 그리고 난 뒤 발에 차꼬를 차고 깊은 옥에 갇혔다(행 16:20-24).

그러나 바울과 실라는 사단이 승리했다거나 하나님이 그들을 버리셨다고 생각하지 않았다. 하나님이 빌립보에서 그분의 말씀을 전하라고 두 사람을 부르셨으며, 그들을 위한 완벽한 계획을 실현하시기 위해 적극적으로 역사하고 계심을 확신했다. 그래서 징징대거나 불평하거나 큰 소리로 하나님께 도움을 구하지 않았다. 대신 그들은 쓰라린 등에 피가 굳은 채로 쑤시는 다리를 펴지도 못하고 감옥에 앉아 기도하며 하나님을 찬양하는 찬송을 불렀다.

그러자 한밤중에 갑자기 큰 지진이 나더니 옥문이 활짝 열렸고, 모든 죄수의 사슬이 풀렸다. 간수는 죄수들이 다 도망간 줄 알고 공포에 질려 스스로 목숨을 끊으려 칼을 뽑았다. 그때 바울이 모든 죄수가 감옥에 있다고 소리를 질러 간수를 안심시켰고, 간수는 두 사람의 발 앞에 넙죽 엎드리며 애원했다.

"내가 어떻게 해야 구원을 받겠습니까?"

하나님은 빌립보를 향한 완벽한 계획을 갖고 계셨다. 바울과 실라를 하나님의 증인으로서 그곳에 보내셨고, 둘은 하나님이 예측할 수 없는 상황을 쓰셔서라도 그분의 계획을 이루심을 믿는 믿음을 갖게 되었다.

우리는 늘 하나님이 무슨 일을 하실지 예측하려 애쓴다. 일련의 상황을 한 가지 방법으로 단번에 해결하셨기 때문에, 비슷한 상황에서 하나님이 똑같은 방법을 사용하실 거라는 결론을 내린다. 그러나 바울이 감옥에서 늘 극적으로 구출된 건 아니었다. 때로 몇 년씩 갇혀 있기도 했다.

바울은 수많은 고난을 겪었다. 돌에 맞은 뒤 죽도록 버려지기도 했고, 그가 탄 배가 난파되었고, 뱀에게 물렸고, 극심한 박해를 당했다. 하지만 하나님이 그의 삶에 일어나는 모든 일을 주관하지 않으신다는 생각은 단 한 번도 하지 않았다. 바울은 고난을 기쁘게 여기며 하나님을 찬양하는 기회로 삼았다. 고난이 유익이라는 걸 알았다.

고통을 허락하시는 이유

나는 오랫동안 극심한 두통에 시달렸다. 하릴없이 성경을 뒤적이며 하나님의 치유 약속을 붙들었지만, 고통의 원인에 대한 실마리를 찾을 수 없었을뿐더러 고통도 사라지지 않았다. 그러면서 나는 의심 때문에 더욱 괴로웠다. 이런 유별난 고통이 왜 나를 찾아왔는지 계속 추측했다. 머릿속에서는 이런 목소리가 맴돌았다.

'왜 하나님은 네 고통을 위해 뭐라도 해주시지 않는 거지? 너는 다른 사람이 고침을 받도록 기도하는데, 정작 네 고통은 여전히 남아 있잖아.'

기나긴 밤, 잠을 이루지 못하고 뒤척이는 동안에도 그 생각은 나를 끈질기게 괴롭혔다.

'네 모습이 얼마나 비참한지 봐! 하나님이 네 고통을 아시는 정의로운 분이라면, 네가 스스로 목숨을 끊는다 해도 너를 비난하진 않으실 거야. 방법만 조심하면 아무도 자살이라고 의심하지 않을 거고, 아무도 상처받지 않을 거야. 그러면 너는 고통에서 벗어날 수 있어.'

욥의 친구들이 한 주장처럼, 고통에 시달릴 때 이런 생각은 매우 그럴싸하게 들린다. 하지만 그것은 다 하나님의 허락이 있을 때만 가까이 다가올 수 있는 사기의 달인, 사단이 스스로 지어낸 한 무더기의 거짓말일 뿐이다.

우리가 하나님을 가까이하고, 진리의 말씀 위에 서면 우리를 박해하고 괴롭히는 자는 틀림없이 도망칠 것이다.

두통이 순식간에 사라지지는 않았지만, 나는 내 유익을 위한 일이 아니고는 하나님이 그 어떤 일도 허락하지 않으실 거라고 믿기로 했다. 따라서 두통은 내 유익을 위한 것이었다. 나는 두통이 올 때마다 하나님을 찬양하고 감사하기 시작했다.

그러자 놀라운 일이 일어났다. 두통이 심할수록 더 많이 감사하게 되었고, 그 감사와 함께 내 전 존재를 통해 퍼져나가는 새로운 깊이의 기쁨을 경험했다.

리처드 윔브란트(Richard Wumbrand) 목사님은 공산주의 사회의 감옥에서 육체적·정신적 고통을 참아낼 한계를 넘어섰을 때, 어떤 일이 일어났는지 말해주었다.

삼 년의 독방 감금과 고문은 제정신으로 버틸 수 없을 만큼 위협적이었다. 하지만 인내심의 한계에 다다랐을 때도 목사님은 여전히 하나님을 신뢰했고 그분의 변함없는 자비와 사랑을 찬송했다. 바로 이 시점부터 형언할 수 없는 기쁨이 자신의 존재를 통해 퍼져나가기 시작했고, 감방 안을 가득 채웠다고 한다.

하나님은 그분의 선한 목적을 위해 윔브란트 목사님에게 고통을 허락하셨다. 목사님이 겪은 고통으로 인해 그의 목회는 전 세계에 영향력을 끼치게 되었다.

어쩌면 우리 인생은 맹렬한 전투, 사나운 폭풍, 불길과 홍수
를 통과해야 할 수도 있다. 하지만 성경은 하나님의 임재하심이
우리와 함께하시며, 하나님의 손길이 우리를 인도하신다고 말
씀한다. 어떻게 이것을 의심하겠는가? 군사와 무기, 폭풍, 불길,
홍수를 창조하신 하나님의 통제 아래 모든 것이 있는데 말이다.

예수님이 제자들과 함께 배에 오르셨을 때, 하나님은 왜 그
호수에 폭풍을 일으키셨을까? 그렇게 하심으로써 폭풍우를 다
스리시는 하나님의 능력과 권위를 나타내셨다(막 4장).

하루는 예수님과 제자들이 길을 걷고 있는데, 날 때부터 앞을
보지 못하는 한 남자를 만났다.

제자들이 물어 이르되 랍비여 이 사람이 맹인으로 난 것이 누구의 죄
로 인함이니이까 자기니이까 그의 부모니이까 예수께서 대답하시되
이 사람이나 그 부모의 죄로 인한 것이 아니라 그에게서 하나님이 하
시는 일을 나타내고자 하심이라 요 9:2,3

그러고 나서 예수님이 그를 고쳐주셨다. 제자들은 인간적인
판단과 이해력의 관점에서 그 남자를 바라보았지만, 예수님은

하나님의 완벽한 통제와 능력 아래 그 상황을 바라보셨다.

우리의 관점이 상황을 완전히 달라지게 한다.

예수님의 관점을 장착하라

나는 《감옥에서 찬송으로》를 읽은 독자에게서 수백 통의 편지를 받았다. 그중 75퍼센트는 어려운 상황에서 하나님을 찬양하기 시작했더니 놀라운 결과를 얻었다는 내용이다. 반면에 나머지 25퍼센트는 똑같이 어려운 상황을 이야기하지만, 하나님의 역사를 믿을 수 없어서 그분을 찬양하지 못해 패배하고 낙담하며 절망에 빠졌다는 내용이다. 그 차이는 상황이 아니라 관점에 있기에 결과도 극명히 갈린다.

많은 사람이 친한 친구나 친척의 죽음에 대해 편지를 보내온다. 어떤 부인이 이런 편지를 보내왔다.

톰은 암 투병으로 끔찍한 고통을 겪었습니다. 우리는 그를 전국의 치유 예배와 기도 모임에 데려갔지요. 톰은 잠깐 나아지는 듯했고 우리는 희망에 가슴이 부풀었습니다. 그러나 결국 암은 재발했고, 몇 달간의 고통 끝에 톰은 세상을 떠났습니다.

하나님은 어쩜 그렇게 변덕스러우실까요? 톰이 그토록 젊은 나이에 죽는 게 하나님의 뜻이었다니, 저는 믿을 수가 없습니다. 톰은 크리스천이었고 하나님을 섬기기를 원했습니다.

남겨진 우리에게 교훈을 주기 위해 이 모든 일을 하신 거라면, 왜 톰이 고통을 겪어야 했던 걸까요? 이 일로 제가 하나님을 찬양해야 한다는 게 믿어지지 않습니다.

이런 편지도 있었다.

찰스는 일 년 전쯤 하나님을 영접했습니다. 그는 기쁨으로 가득한 주님의 증인이었지요. 그런데 여섯 달 뒤에 암이 발병했습니다. 수술을 두 번 받았지만, 폐에서 종양이 재발했습니다. 찰스가 교회 장로님들에게 연락하자, 그들이 와서 찰스에게 성유를 바르고 치유 기도를 해 주었지요. 그 후 찰스가 정기 검진을 받으러 갔더니 종양이 사라지고 없었습니다. 찰스는 기뻐하며 주님을 찬양했어요. 그리고 몇 달 후, 찰스는 심한 두통을 겪었습니다. 그는 검사받으러 병원에 갔고 이틀 만에 죽고 말았습니다. 뇌종양이었죠.

찰스 가족의 친구인 한 목사님이 장례 예배를 위해 비행기를 타고 왔습니다. 목사님은 비행기에서 한 청년의 옆좌석에 앉았습니다. 두 사람은 대화를 시작했고, 목사님이 찰스의 이야기를 나누자, 그 청년은 비행기가 착륙하기도 전에 자신의 삶을 예수 그리스도께 드렸습니다. 목사님은 뉴올리언스에서 비행기를 갈아탔고, 그다음 여정에서는 젊은 여성 옆에 앉았습니다. 그녀도 목사님에게 어디로 가는지를 물었고, 목사님은 찰스 이야기를 들려주었지요. 이번에도 그녀는 비행기가 착륙하기 전에 예수 그리스도를 구주로 영접했습니다.

장례식은 찰스의 삶 가운데 하나님이 행하신 모든 일에 대해 주님을 찬양하는 자리였지요. 장례식이 끝난 후 두 남자가 예배당 밖 인도에서 그리스도를 영접했습니다.

찰스의 시신은 고향으로 보내 매장되었습니다. 안장식이 거행되는 동안, 저는 남편을 잃은 찰스의 젊은 부인에게서 눈을 뗄 수가 없었어요. 그녀는 평안과 기쁨으로 빛나고 있었습니다.

지난 일 년간 그녀와 찰스는 범사에 하나님을 찬양할 때 찾아오는 기쁨을 깨달았던 것입니다. 그녀가 제게 "사망을 삼키고 이기리라"(고전 15:54)라고 말했습니다. 저는 울어야 할 이유가 없었지요.

하나님을 찬양합니다!

두 편지가 비슷한 상황을 말하지만, 그 차이는 얼마나 큰가. 하나는 패배의 이야기, 다른 하나는 승리의 이야기다. 하나는 인간의 관점에서 보고, 다른 하나는 그리스도의 관점에서 보고 있다. 성경은 우리가 그리스도의 관점을 가질 수 있다고 말씀한다.

너희 안에 이 마음을 품으라 곧 그리스도 예수의 마음이니 빌 2:5

오직 너희의 심령이 새롭게 되어 엡 4:23

바울이 불가능한 일을 제안하는 게 아니다. 이 본문의 핵심 단어는 "품으라"와 "새롭게 되어"다. 하나님의 말씀을 읽고, 연구하고, 묵상하면 마음을 씻어내고 새롭게 될 수 있다. 우리가 하나님의 임재 가운데 시간을 보내면, 그리스도께서 가지셨던 태도와 관점을 갖도록 마음이 변화되어 주님의 겸손한 종이 될 수 있다.

다윗은 자기 삶을 향한 하나님의 뜻에 복종하기를 원했고, 반항하는 마음이 변화되기를 열망했다. 그는 하나님께 간절히 부르짖었다.

> 거짓 행위를 내게서 떠나게 하시고 주의 법을 내게 은혜로이 베푸소서
> 내가 성실한 길을 택하고 주의 규례들을 내 앞에 두었나이다
> 주께서 내 마음을 넓히시면 내가 주의 계명들의 길로 달려가리이다
> 시 119:29,30,32

다윗은 올바른 길을 선택하는 것이 자신의 역할임을 알았다. 그는 최선을 다해 하나님을 따랐고, 자기가 할 수 없는 일은 하나님이 해주시리라 믿었다. 우리가 하나님을 신뢰하기로 선택하고 믿음에 굳게 서서 말씀대로 될 것을 믿으면, 하나님은 우리에게도 다윗에게 하신 것과 똑같이 하실 것이다.

그러므로 어떤 상황이 닥치더라도 우리는 하나님을 찬양하고 그분께 감사해야 한다. 그것이 우리를 위한 하나님의 완벽한 계획을 이루시는 그분의 방법이기 때문이다. 그런 상황들은 우리에게서 불순물을 제거하여 우리를 정결하게 하며, 자원하는 마음을 주시는 하나님의 수단이다.

감사는 우리의 삶 가운데 하나님의 능력을 드러낸다. 감사야말로 행동하는 믿음이기 때문이다. 우리가 하나님을 온전히 신뢰하면, 하나님은 자유롭게 역사하시고, 언제나 승리를 가져다주신다. 그것은 상황을 바꾸는 승리일 수도 있고, 그 상황 가운데서의 승리일 수도 있다. 죽음을 물리칠 수도 있고, 죽음의 격렬한 고통을 사라지게 할 수도 있다.

감사는 하나님이 우리 삶에 주신 것을 받아들이는 행위다. 그러니 감정과 기분에 상관없이 하나님을 찬양하기로 결단하고, 의지에 따라 행함으로써 감사하는 자세를 실천해야 한다.

내가 두려워하는 날에는 내가 주를 의지하리이다 내가 하나님을 의지하고 그 말씀을 찬송하올지라 내가 하나님을 의지하였은즉 두려워하지 아니하리니 혈육을 가진 사람이 내게 어찌하리이까 시 56:3,4

하나님이여 내 마음이 확정되었고 내 마음이 확정되었사오니 내가 노래하고 내가 찬송하리이다 시 57:7

06
불평이여, 안녕

사소한 불평이 낳은 끔찍한 결과

맑고 화창한 아름다운 주일날, 문밖을 나서면서 상쾌한 공기를 들이마시며 하나님이 멋지게 창조하신 세상에 감사해 본 적이 있는가? 그런데 다음 날 아침엔 흐리고 비가 온다면 어떨까? 창밖을 바라보면 날씨 때문에 저절로 우울한 기분이 들까? 입밖으로 말을 꺼내지는 않더라도 속으로 어떤 기분이 들겠는가?

당신은 마음에 드는 것에 대해서만 하나님께 감사하는 습관이 있는가? 당신이 원하는 대로 일이 풀리지 않으면 불평하는 습관이 있는가? 불평을 조금 한다고 무슨 문제가 되겠는가. 그건 별일 아니다. 불평이 무슨 차이를 만들겠는가!

아니다. 불평은 엄청난 차이를 만들 수 있다. 삶의 사소한 것들을 어떻게 대하느냐에 모든 게 달려 있다.

결혼 상담가들은 대개 사소한 일로 결혼이 깨진다고 말한다. 작은 못 하나 때문에 타이어가 펑크 나고, 정비사의 작은 실수가 대형 여객기를 추락시킬 수 있다. 오해 때문에 전쟁이 발발하고, 분노에 찬 말 한마디가 총기 사건으로 이어질 수 있다. 이처럼 작은 일이 굉장히 중요하다. 아침 식탁에 앉아 있을 때나 금요일 오후 마트 계산대 앞에 줄을 서 있을 때나 이런 사소한 순간이 우리가 삶을 대하는 태도를 반영한다.

우리는 너무나 쉽게 불평하기 때문에, 종종 스스로 뭘 하고 있는지 깨닫지 못한다. 불평은 감사의 반대말이고, 불만은 신뢰의 반대말이다. 아내가 당신의 토스트를 태웠을 때 내뱉은 투덜거림은 애정 어린 관용의 정반대 태도다.

사전은 불평을 '비난'으로 정의한다. 불평불만은 사실 우리의 하루를 세심하게 관리하지 못하셨다고 하나님을 비난하는 것과 같다. 찬양의 태도는 하나님의 능력을 우리 삶에 드러나게 하지만, 투덜대며 불평하는 태도는 그 능력을 차단한다.

그들 가운데 어떤 사람들이 원망하다가 멸망시키는 자에게 멸망하였나니 너희는 그들과 같이 원망하지 말라 그들에게 일어난 이런 일은 본보기가 되고 또한 말세를 만난 우리를 깨우치기 위하여 기록되었느니라 고전 10:10,11

바울은 애굽을 떠나 약속의 땅을 향해 방랑하던 이스라엘 백성의 행동을 말하고 있다. 도대체 그들은 무슨 짓을 했으며, 그로 인한 끔찍한 결과는 무엇이었는가?

여호와께서 들으시기에 백성이 악한 말로 원망하매 여호와께서 들으
시고 진노하사 여호와의 불을 그들 중에 붙여서 진영 끝을 사르게 하
시매 민 11:1

모세는 이스라엘 백성을 애굽에서 이끌고 나왔고, 하나님은
그들에게 하나님의 임재하심과 그들을 향한 관심을 나타내는
놀라운 표징을 보여주셨다. 홍해를 갈라 마른 땅으로 건너게
하셨고, 그들을 쫓는 애굽 병사들의 머리 위로 그 물이 덮이게
하셨다. 하나님은 자기 백성을 약속의 땅으로 인도하겠다고 약
속하셨고, 광야에서 그들을 먹이시며 그들 앞에서 그들의 적을
쫓아내겠다고 약속하셨다. 단, 그들이 하나님을 신뢰하기만 한
다면 말이다. 그 징표로 낮에는 구름 기둥, 밤에는 불기둥으로
하나님의 임재하심이 그들과 함께하셨다.

그러나 이스라엘 백성은 하나님을 신뢰하지 않았다. 처음에
는 식량과 물이 부족해서, 나중에는 하나님이 주신 물맛이 마음
에 들지 않아서 심히 불평했다. 그들은 하나님이 주신 음식이 점
점 질리기 시작했고, 사소한 일에 소란을 피우고 불평을 늘어놓
았다. 그 결과가 어땠는가?

하나님은 참을성 있게, 투덜대는 자녀들의 비위를 맞춰주셨

다. 깨닫지 못할 것이 분명한데도, 몇 번이고 그들의 필요를 채워주셨다. 그들이 만나에 질렸다며 대신 고기를 달라고 했을 때, 하나님은 하루나 이틀이 아니라 계속해서 고기를 주겠다고 말씀하셨다.

냄새도 싫어하기까지 한 달 동안 먹게 하시리니 이는 너희가 너희 중에 계시는 여호와를 멸시하고 그 앞에서 울며 이르기를 우리가 어찌하여 애굽에서 나왔던가 함이라 하라 **민 11:20**

사십 년간 광야에서 방황한 이스라엘 백성은 무슨 문제가 생길 때마다 심히 불평하며 애굽으로 돌아가고 싶어 했다.

320킬로미터 남짓한 거리를 가는 데 사십 년 넘게 걸린 까닭이 무엇일까? 여자와 어린아이, 가축을 데리고 간다고 해도 몇 주면 갈 수 있는 거리였다. 그들이 지체하게 된 것은 투덜대면서 그들의 모든 필요를 돌보시겠다는 하나님의 약속을 믿지 않았기 때문이다.

이스라엘 백성이 맨 처음 약속의 땅 경계에 다다랐을 때, 요새 같은 성안에는 거인들이 살고 있었다. 이때 그들은 모든 적을 쫓아내겠다고 약속하신 하나님을 찬양하고 장애물을 기뻐하는 대신, 모세에게 등을 돌리고 자신들을 애굽으로 돌려보내 달라고 요구했다. 모세가 자신들을 속였다고 비난했다.

오직 여호수아와 갈렙만이 요새 같은 성에 사는 거인들을 보고서도, 하나님께서 약속을 반드시 지키시며 이스라엘 백성에게 그 땅을 주시리라고 믿었다. 하지만 아무도 둘의 말에 귀 기울이지 않았다.

하나님도 인내심이 한계에 다다른 나머지, 이스라엘 백성이 자기들이 한 불평으로 인해 괴로움을 당하게 하겠다고 단언하셨다. 불평한 자 가운데 단 한 명도 약속의 땅에 발을 들이지 못할 것이며, 대신 새로운 세대가 성장할 때까지 사십 년간 광야를 떠돌게 될 거라고. 그 새로운 세대는 광야 생활에서 살아남을 유일한 두 사람, 여호수아와 갈렙의 인도로 약속의 땅에 들어갈 거라고 말이다.

그러므로 내가 이 세대에게 노하여 이르기를 그들이 항상 마음이 미혹되어 내 길을 알지 못하는도다 하였고 히 3:10

출애굽 한 이스라엘 백성 중 첫 세대는 사소한 불평 때문에 약속의 땅에 들어가지 못했다. 이처럼 사소한 일로 하나님께 불평하고 투덜댄다면, 우리 삶을 향한 하나님의 완전한 계획에 들어가지 못할 수도 있다.

형제들아 너희는 삼가 혹 너희 중에 누가 믿지 아니하는 악한 마음을

품고 살아 계신 하나님에게서 떨어질까 조심할 것이요. 히 3:12

불신을 믿음으로 바꾸려면

출애굽 첫 세대가 하나님을 원망한 원인은 '불신'이었다. 이는 사소한 불평의 근원이다. 불신 때문에 그들은 가나안에 들어가지 못했다. 그러나 하나님은 이스라엘 백성에게 지리적 장소로 인도하는 것 이상의 것을 주길 원하셨다. 하나님이 약속하신 땅은 안식과 신뢰, 마음의 평안이 있는 곳이었다.

> 그러므로 우리는 두려워할지니 그의 안식에 들어갈 약속이 남아 있을지라도 너희 중에는 혹 이르지 못할 자가 있을까 함이라
> 이미 믿는 우리들은 저 안식에 들어가는도다 그가 말씀하신 바와 같으니 내가 노하여 맹세한 바와 같이 그들이 내 안식에 들어오지 못하리라 하셨다 하였으나 세상을 창조할 때부터 그 일이 이루어졌느니라
> 히 4:1,3

하나님은 우리를 위해 완벽한 안식의 장소를 준비하셨다. 이는 죽고 나서가 아니라 '지금', 우리가 모두 들어갈 수 있는, 하나님을 완전하게 신뢰하는 상태를 말한다. 그러기 위해 불신의 죄, 불평불만과 투덜거림을 버려야 한다.

불신은 하나님을 향해 짓는 중대한 죄악이다. 모든 죄와 마

찬가지로, 하나님에 대한 반역 행위다.

우리는 믿을지 말지를 정할 수 있다. 웹스터 사전은 불신을 "믿음의 보류, 의심 많음 혹은 회의, 주장된 내용에 대한 거부"라고 정의한다. 즉 불신이 의도적으로 믿음을 보류하는 거라면, 우리에게 그 책임이 있으며, 우리는 이 죄에 대해 무언가 조치를 해야 한다.

죄를 다루는 첫 번째 단계는 '고백'하는 것이다.

오랫동안 나는 별로 투덜대지 않았다고, 큰 소리로 투덜대는 일이 거의 없었다고 스스로 자랑스레 말했다. 하지만 겉으로는 웃는 표정을 유지해도, 속으로는 습관적으로 불평하는 사람이었다. 물론 내게 불평하는 죄가 있다고 생각하지 않기에 나아지지도 않았다.

나는 스스로 '내가 하는 불평은 정당하다'라고 생각했다. 잠을 충분히 못 자서 피로가 덜 풀린 상태로 아침에 기상하는 날이면 불평했다. 가족 중 누군가가 화장실을 엉망으로 사용하면 작은 소리로 투덜댔고, 급하게 아침을 먹으면서 불평했다. 사무실에서 일이 잘못되거나 사람들이 하는 일이 내 기대에 미치지 못했을 때 불평했다. 청구서가 날아오면 불평했고, 차 시동이 걸리지 않거나 이동 중 빨간불을 만났을 때도 불평했다. 야근해야 하거나 제시간에 잠자리에 들지 못할 때도 불평했다. 이런 일은 다음 날 아침부터 또다시 반복됐다.

성령님이 '범사에 하나님께 감사하라'라는 성경 말씀을 보여주기 시작하셨을 때, 내가 오랜 세월 불평하면서 그 명령에 대해 아무 생각도 하지 않고 살았음을 깨달았다.

이런 상태를 회복하기 위한 첫걸음은, 내가 습관적으로 불평하는 사람임을 스스로 인정하는 거였다. 죄를 다루는 가장 효과적인 방법은 죄를 구체화하는 거라고 믿는다. 먼저는 자신의 죄를 고백하고 회개하며 하나님의 용서를 구하고, 다시는 그 죄에 빠지지 않겠다고 분명하게 결심해야 한다. 그다음 내게서 그 죄를 없애달라고, 유혹을 견딜 더 큰 힘과 믿음을 달라고 간구한다. 마지막으로 그로 인해 하나님께 감사하고 모든 간구를 들어주셨음을 알고 믿음으로 나아가는 것이다.

우리가 불평하지 않기로 결단하고, 그 대신 우리로 불평하게 만들었던 모든 사소한 것에 대해 감사하기로 하나님과 약속한다면, 그분의 역사를 기대할 수 있다.

우리 스스로 '불신하며 불평하는 자'에서 '감사하며 유쾌한 성도'로 바뀌지는 못한다. 하나님이 바꿔주셔야 바뀐다. 물론 불평을 멈추고 하나님께 감사와 찬양을 올려드려야 한다. 그러나 그 변화를 이루시는 건 하나님의 능력이다. 우리는 그저 예수께 시선을 고정하고, 하나님이 하시는 일에 감사하면 된다.

실제로 우리는 불평을 유발하는 상황을 하나님께서 우리 삶 가운데 일어나게 하심을 알게 될 것이다. 그런 상황이 다가올 때 우리는, 하나님께서 바로 그 일을 통해 우리 안에 변화를 일으키실 것을 알기에 그분께 감사하고 찬양할 수 있다. 이전에는 넘어졌지만, 이제는 그런 상황을 통해 하나님의 능력이 나타나고, 그런 상황이 우리의 믿음을 더욱 성장시킬 것이다.

사소한 일부터 감사하는 태도로 받아들이면 우리 안에서, 우리를 통해 하나님의 능력이 드러나며 또 기쁨도 경험하게 될 것이다. 그러나 그에 대한 표징으로 어떤 느낌을 기대해서는 안 된다. 찬양과 감사는 우리의 '감정'이 아닌, 하나님의 말씀을 믿는 '믿음'에 근거해야 한다.

감사부터 하라

나는 내게 음악적 재능이 없는 걸 오랫동안 불평했다. 아름다운 음악을 들을 때마다 '악기를 연주하거나 멋진 독창을 할 수 있다면 얼마나 좋을까?' 하는 마음이 들어 온전히 즐기지 못했다. 그러던 어느 날, 공연장에서 음악을 듣다가 문득 이런 생각이 들었다.

'네가 악기를 연주하지 못하는 것에 대해 감사하느냐?'

성령님이 하신 질문임을 깨닫고, 나는 몹시 당황했다.

'아뇨, 주님, 감사하지 않는 것 같습니다.'

'감사할 마음은 있느냐?'

'네, 주님, 있고말고요. 그리고 이것이 저를 향한 주님의 뜻임을 잘 압니다. 주님이 원하셨다면 제게 음악적 재능을 주시고 훈련하실 수도 있었겠지요. 제가 주님이 원하셨던 모습 그대로인 것에 감사합니다.'

이 말을 하는 동안 내 마음에 엄청난 평안이 흘러들었고, 내 모습 이대로 정말 행복하다는 걸 깨달았다.

성령님이 말씀하셨다.

'그것을 깨닫기를 바랐다. 네가 아름다운 음악을 만들 수 있다면 몇몇 사람만 기쁘게 하겠지만, 네가 찬양하면 하나님을 항상 기쁘시게 하는 거란다.'

내게 음악적 재능이 부족한 것은 하나님 눈에는 결코 단점이 아니었다. 내 눈에만 단점으로 보이는 거였다. 하나님이 나를 만드신 방식에 불만을 품은 사람은 바로 나였다. 하나님은 절대 불만을 품지 않으셨다.

자기에게 특별한 재능이 있어서 그걸 개발할 기회가 있었으면 좋겠다고 평생 소망하는 사람들이 있다. 그들은 자기 삶에 적절한 운이 따랐다면, 영화배우나 TV 스타, 야구 영웅, 거물급 사업가나 의사가 되었을지도 모른다고 생각하면서 마음속으로 투덜대고 불평한다.

당신은 자기 삶에 대해 어떤 불평을 자주 늘어놓는가? 다시 살 기회가 주어진다면 다른 직업을 갖고, 다른 동네에서, 다른 사람과 결혼하고 싶은가?

하나님께서 당신이 있기를 바라시는 바로 그곳에 당신을 두셨다는 사실을 인정하고 받아들이는가? 당신이 잘못된 선택을 했을 때 하나님이 능력이 없어서 개입하시지 않은 게 아니라는 사실도? 그분이 단 하나도 간과하지 않으셨다는 것도?

물론 잘못된 선택을 할 수 있다. 이 책에서 우리는 선택에 대한 책임과 옳고 그른 선택에 따른 결과에 관해 이야기했다. 그러나 하나님은 우리가 그분을 신뢰하면, 우리의 잘못된 선택까지도 포함해서 모든 일을 합하여 선을 이루실 거라고 약속하신다.

당신이 하나님께서 빠져나오게 하고자 계획하신 직업이나 상황에 놓여 있을 수도 있다. 그럼에도, 바로 지금, 자신의 현 상황을 기쁘게 받아들이고 그에 대해 하나님께 감사해야 한다. 모든 일 가운데 하나님의 뜻에 복종하고, 모든 어려움에 대해 하나님께 감사하면, 하나님은 그분이 바라시는 곳으로 우리를 보내주실 것이다.

기억하라. 하나님은 그분을 몰랐던 이방인 고레스 왕을 적절한 때에 적절한 장소로 보내셨다. 그러므로 만일 하나님이 지금 당신이 다른 곳에 있기를 원하셨다면, 그분은 당신을 그곳에 두셨을 것이다. 당신에게 주어진 소임은 지금 당신이 그곳에 있다는 사실을 하나님께 감사드리는 것이다!

만일 십오 년 전에 당신이 하나님의 뜻을 알면서도 그 뜻을 거스르는 잘못된 선택을 했다는 걸, 하나님이 성령님을 통해 보여 주신다면, 그 잘못을 지금 하나님께 고백하라. 그분께 용서를 구하며 그로 인해 감사하고, 다른 사람에게 저질렀을지도 모를 부당한 일을 바로잡을 수 있도록 인도해 달라고 간구하라. 그리고 이 순간부터 남은 삶을 온전히 하나님 손에 맡기고, 그분이 전적으로 책임지신다는 걸 신뢰하라. 당신이 처한 현재 상황을 있는 그대로 하나님께 감사하고 찬양하라.

그러면 지금 당신이 처한 상황에서 재빨리 벗어나도록 역사하시는 하나님의 능력을 발견하거나, 혹은 그 상황 가운데 당신을 변화시키시는 하나님의 능력을 깨닫게 될 것이다. 무슨 일이 일어나든 하나님이 책임지신다는 사실에 끊임없이 감사하라.

하나님의 완벽한 계획

한 크리스천 사업가가 자기 삶을 그리스도께 헌신하기로 작정했다. 그런데 얼마 지나지 않아 높은 연봉을 받던 임원 자리에서 해고당했다. 다른 일자리를 찾아보았지만, 업계의 인력 감축으로 일자리가 거의 없었다. 그의 가족은 재정적 압박으로 고통받았고, 쌓여가는 청구서와 응답 없는 기도에 그의 불안은 커져만 갔다.

실직 상태가 일 년을 넘어가던 어느 토요일 밤, 그는 범사에 감사하라는 내 설교를 들었다. 그는 하나님이 일자리를 주시지 않는 데는 분명 타당한 이유가 있으리라는 생각이 갑자기 들었고, 직장을 잃은 것과 그로 인해 자신과 가족이 겪는 모든 어려움에 대해 하나님께 감사하기 시작했다.

그는 주일날 종일 하나님을 찬양했다. 그러자 상황에 대한 두려움과 억울함이 사라지며 진정한 기쁨이 차오르는 걸 느낄 수 있었다. 그리고 월요일 아침 일찍, 전화벨이 울렸다. 받아보니 다른 임원의 전화였고, 자기를 위해 일해줄 수 있는지를 물었다. 그가 답했다.

"그럼요, 가능합니다."

"언제부터 출근할 수 있습니까?"

"내일부터요."

"그럼 근무할 준비를 하시고 오전 아홉 시까지 오십시오."

그의 새 직장은 급여 조건도 매우 좋았지만, 더 중요한 건 날마다 수많은 사업가를 직접 만난다는 거였다. 그가 만나는 이들에게 예수 그리스도를 전하자, 사람들이 잇따라 주님을 구세주로 영접했다. 그가 내게 말했다.

"제가 실직한 상황에서 두려움과 억울함의 불씨를 품고 있는 동안, 저는 하나님이 제 삶에서 하고자 하시는 일을 방해하고 있었던 겁니다. 있는 모습 그대로 제 삶에 대해 하나님을 신뢰하고 찬양하자, 하나님이 책임지시고 그분이 원하시는 곳으로 저를 보내셨어요."

한 젊은 교사가 산속에서 여름휴가를 보내고 있었다. 그사이 교육청에서 이듬해 배정을 위한 회의 참석 통지 우편이 날아왔고, 이를 확인하지 못한 그녀는 회의에 참석하지 못해, 결국 그녀의 자리가 다른 이에게 돌아갔다.

그녀는 휴가에서 돌아와 자신의 해고 사실을 알게 되었다. 충격을 받은 나머지 다른 주에 있는 고향으로 돌아가야겠다는 충동을 느꼈다. 하지만 이 주 후면 개학이어서 그 지역에는 일자리가 없었다. 게다가 대학 학자금 대출로 인해 무거운 재정적 부담마저 지고 있었다.

그런데 그녀는 바로 얼마 전에 《감옥에서 찬송으로》를 읽은 상태였고, 현재 상황이 자신이 책에서 배운 것을 실행할 기회임을 깨달았다. 그녀는 의지적으로 두려움을 달래면서 자신을 실직하게 하신 하나님을 찬양했다. 또 그녀의 삶을 향한 그분의 완벽한 계획에 감사했다. 이틀 동안은 자꾸 절망에 빠지게 하는 유혹과 치열하게 싸우며 하나님을 찬양했다. 그리고 사흘째 되던 날, 이웃 사람이 담장 너머로 그녀에게 말을 건넸다.

"저기요, 선생님은 기독 학교의 교사가 되어야 할 것 같아요.

우리 아들이 다니는 학교 교장 선생님께 전화해 보면 어때요?"

그녀는 그 이웃이 말한 학교에 전화를 걸었다. 놀랍게도 일 학년 담임 교사 자리가 갑작스럽게 공석이 되었다는 소식을 들었고, 이후 면접을 보고 취직했다. 그녀가 말했다.

"제가 하나님을 찬양할 만큼 철저히 그분을 신뢰했기에 하나님이 그 상황에 개입하실 수 있었습니다. 만약 여느 때처럼 두려움에 빠져 부모님이 계신 고향으로 도망치는 해묵은 수법을 썼더라면, 여전히 실업자인 채로, 하나님께 나를 돌보시지 않는다며 난리를 치고 있었을 겁니다."

새 직장은 이전 직장보다 훨씬 잘 맞았다. 그녀는 교실에서 자신의 신앙을 거리낌 없이 나눌 수 있었고, 고민이 있는 학생과 함께 공개적으로 기도할 수 있었다.

하나님은 이 젊은 교사와 크리스천 사업가를 위한 완벽한 계획과 최고의 직장을 예비하고 계셨다. 이제껏 그들이 지켜왔고, 그들이 원한다고 생각했던 직장의 문은 닫으셨지만, 그들이 하나님을 신뢰하고 실직으로 인해 감사하며 그분을 찬양하자 가장 적합한 문을 열어주셨다.

억울함과 두려움, 투덜거림과 불평은 우리를 향한 하나님의 계획이 펼쳐지는 걸 더디게 만든다. 하나님은 시간까지도 완벽하게 계획하신다. 그러므로 하나님의 타이밍이 우리가 기대하는 것과 언제나 일치하지는 않는다는 걸 알아야 한다.

주님의 시간

나는 늘 시간관념이 투철했다. 그래서 '주님의 시간'을 체계적으로 적절하게 사용하는 능력을 스스로 자랑스럽게 여겼다.

하루는 한 기업인 협의회에서 설교하기 위해 텍사스주 엘패소로 가는 비행기에 앉아 초조하게 손목시계를 바라보고 있었다. 오후 2시에 참석할 계획이었는데, 이미 2시 30분이었다.

나는 생각했다.

'약속 시간에 늦었는데 좋은 일이 생길 리 없잖아!'

그리고 살짝 짜증스럽게 여쭈었다.

'주님, 왜 이런 일이 일어나게 하십니까?'

주님은 대답 대신 내게 물으셨다.

'네가 늦은 것에 대해 감사하느냐?'

'그게 중요한 게 아니죠. 저를 초청하기 위해 준비하고 경비를 부담한 사람들은 제가 정시에 도착할 줄 알고 기다리고 있습니다. 감사하는 법을 배워야 할 사람들은 그들이죠.'

'너는 감사하느냐?'

이 질문이 뇌리를 떠나지 않았다. 그때 문득 진리를 깨달았다. 나는 모임에 참석한 사람들을 걱정한 게 아니었다. 화가 난 건 바로 나였다. 나는 하나님이 그 상황을 올바르게 주관하고 계신다고 믿지 못했다. 내 시간을 운영하시는 하나님의 방법에 대해 야단법석하며 따지고 있었다.

'죄송합니다, 하나님. 제 시간을 어떻게 운영해야 하는지 하나님이 가장 잘 아신다고 정말로 믿습니다. 하나님이 저를 지각하게 하신다면, 그건 분명 하나님의 완벽한 계획 일부일 것이기에 감사합니다. 하나님께 제 시간을 맡겨드리면 잘 해결해 주시리라 믿습니다.'

나는 하나님께 사과드리고, 좌석에 등을 기댄 채 안도의 한숨을 내쉬었다. 손목시계는 2시 45분을 가리키고 있었지만, 완벽한 평안을 느꼈다. 그때 내 곁을 지나가던 승무원의 손목시계가 눈에 또렷이 들어왔다. 그 시계는 1시 45분을 가리키고 있었다. 나는 몸을 일으켜 똑바로 앉았다.

"실례합니다만, 차고 계신 시계를 보니 1시 45분인 것 같은데, 맞습니까?"

"네, 선생님, 맞습니다. 방금 다른 표준시간대에 진입해서 이제 1시 45분입니다."

나는 혼자 싱긋 웃었다.

'주님, 시간을 걱정하는 게 얼마나 어리석은 일인지를 가르쳐 주셔서 감사합니다.'

비행기가 날아가는 사이, 시간은 2시를 넘겼고, 또다시 불안감이 고개를 들었다. 2시 15분에 엘패소에 착륙할 예정이었고,

모임에는 조금 늦을 것 같았다. 속으로 중얼거렸다.

'주님, 제가 참을성이 없어서 죄송합니다. 그래도 지금껏 한 번도 모임에 늦어본 적이 없는데, 이번엔 왜 이런 일이 일어나게 하시는지 모르겠습니다.'

주님이 또 물으셨다.

'너는 감사하느냐?'

'알겠습니다, 주님. 제가 감사하겠습니다. 이제 2시 20분이고 제가 여기 있는 것을 주님께 감사합니다.'

비행기에서 내렸을 때, 시계는 2시 25분을 가리키고 있었다. 주소를 확인하느라 주머니에서 일정표를 꺼냈는데, 모임 시작 시각이 눈에 들어왔다. 2시 30분이었다! 나는 근처에 서 있던 택시로 뛰어가며 생각했다.

'주님, 너무 놀랍습니다. 제 시간을 주관하시는 하나님을 신뢰하라는 교훈을 주셨군요!'

"선생님, 어디로 가십니까?"

택시 운전사가 나를 보며 대답을 기다렸다.

"엘패소 힐튼 인으로 가주십시오. 최대한 빨리 가야 합니다!"

숨을 헐떡이며 내가 말했다. 택시 운전사는 빙그레 웃으며 길 건너편을 가리켰다.

"목적지가 바로 앞에 있네요!"

나는 모임 장소로 들어가며 손목시계를 보았다. 정확히 2시

30분이었다. 연사들이 강연자를 위해 마련된 좌석 쪽으로 걸어가고 있었고, 나도 그 뒤로 다가가 자리에 앉았다.

하나님의 시간표는 분 단위까지 정확하다. 우리가 그 완벽한 시간표 안에 있다는 사실을 깨닫는 게 얼마나 멋진 일인가!

시간 관리를 하나님께 맡겨라. 하나님을 신뢰한다면, 하나님이 원하시는 때, 하나님이 원하시는 곳으로 당신을 보내주실 것이다. 그분이 정하신 일정은 우리 삶의 모든 약속과 시간에 유익하다. 하나님께서는 그분의 계획을 우리에게 강요하지 않으신다. 그러나 매일의 시간을 하나님께 드리면, 하나님의 시간에 하나님이 원하시는 곳으로 우리를 보내시며 그분이 주관하신다.

그렇다고 푹신한 소파에 앉아 이렇게 말해도 된다는 의미는 아니다.

"주님이 내가 저기에 있길 원하신다면, 날 보내주실 거야. 하나님이 나를 움직이실 때까지 난 여기 앉아서 잠깐 잠이나 자야겠어."

우리에겐 우리의 할 일이 있다. 그렇다고 시간 관리를 걱정하라는 건 아니다. 우리는 최선을 다해 제시간에 일어나고 약속 시간에 맞춰 부지런히 준비하되, 무슨 일이 일어나든 하나님께 감사해야 한다. 수다쟁이 이웃이나 떼를 쓰는 아이들 때문에 예상치 못하게 늦더라도 말이다.

'비상 버튼' 대신 '찬양 버튼'

하나님이 범사에 그분을 신뢰하고 찬양하도록 우리를 가르치시는 데는 이중 목적이 있다. 하나님의 능력이 우리의 상황 가운데 드러나게 하며, 다른 이들을 하나님께로 이끌기 위함이다.

한번은 완벽주의자인 성가대 지휘자와 같이 일한 적이 있다. 예배 때마다 그는 음악의 사소한 부분까지 정확하게 계획하고 연주했지만, 늘 긴장한 채로 지휘했고, 그의 긴장 상태가 성가대원들에게도 전해졌다. 그래서 아무리 완벽하게 찬송을 불러도 기쁨이 없었다.

하루는 그가 나와 이야기를 나누려 사무실에 들렀다. 대화 중에 내가 말했다.

"밥, 당신이 모든 일에 하나님께 감사하기 시작하면, 지휘할 때 좀 더 편안해지고 더 큰 기쁨을 경험할 수 있을 것 같아요."

그는 한동안 아무 말 없이 나를 바라보다가 말했다.

"지난 여섯 달 동안 목사님을 지켜봤습니다. 맨 처음엔 목사님이 겉치레가 심하다고 생각했어요. 그 누구도 항상 그렇게 기쁠 수는 없거든요. 그런데 제가 성가대를 지도하면서 몇 번 실수했는데도, 목사님은 언제나 기쁨으로 대해주셨어요. 어떻게 그러실 수 있는지 이해할 수 없지만, 저도 목사님과 같은 태도를 보이고 싶습니다."

밥이 미소를 지었다. 그는 성가대 연습 시간이 될 때까지 나와 대화를 나누다가 서둘러 사무실을 떠났다. 성가를 위해 준비할 시간이 없었기에, 그가 예상치 못한 어려움에 어떻게 대응할지 궁금했다. 나중에 그가 말해주었다.

"미처 음악과 악기에 대해 생각하기를 준비하지 못해 몹시 긴장하던 순간, 이런 생각이 떠올랐습니다. 지금이 목사님과 이야기 나누었던, 하나님께 감사해야 할 그 상황인 것을요. 그래서 하나님께 감사했습니다. 바로 그때 성가대원 네 명이 도착했습니다. 연습 시간보다 일찍 도착한 그들은 '저희가 연습 준비하시는 걸 도와드릴까요?'라고 물었지요. 지난 몇 달간 그런 일은 한 번도 없었습니다. 저는 깜짝 놀라 '하나님, 감사합니다. 이 문제를 이렇게 빨리 해결해 주시다니요!'라고 기도했습니다."

그날 밤은 반쯤 어리둥절한 상태로 이런저런 생각을 했다. 그는 하나님이 자기 삶의 사소한 부분까지 관심을 두고 계시며, 그가 모든 상황 가운데 긴장을 풀고 감사한 마음을 가지면 하나님의 능력이 나타난다는 사실을 이전에는 깨닫지 못했다. 이런 깨달음은 음악 사역을 대하는 밥의 태도를 완전히 바꿔놓았다.

그다음 번에 그가 독창을 하게 되었다. 도중에 몇 차례 실수했다. 평소 같았으면 그를 절망에 빠뜨릴 만한 중요한 사건이었다. 하지만 그는 음정이 틀릴 때마다 더 긴장하는 대신, 그 일을 허락하신 하나님께 감사를 올려드렸다. 그 결과, 노래가 계속될수록 그의 기쁨이 커졌다. 우리 역시 노래를 들으며 그의 얼굴에서 뿜어져 나오는 광채를 보았고, 그의 노래 속에서 새로운 차원의 기쁨을 느낄 수 있었다.

그와 성도들과의 관계도 눈에 띄게 달라졌다. 이전에는 시무룩하게 "안녕하세요" 하고 인사를 건넸지만, 지금은 활짝 웃으며 "좋은 아침입니다! 날씨가 정말 좋네요!"라고 말한다.

시무룩한 표정은 죄가 아닌 것처럼 보일 수 있다. 그런 표정이 행복과 변치 않는 믿음과는 정반대되는 걸 표현하는, 실제로는 불신의 태도임을 알기 전까지는 말이다.

"누구나 운이 없을 때가 있어. 좋을 때가 있는가 하면, 나쁠 때도 있는 법이야."

우리가 흔히 하는 말이다. 그러나 운이 없느니, 기복이 있느니 하는 표현은, 이것이 크리스천의 삶에 일상적인 부분임을 암시하므로 실로 부주의하고 심지어 위험하기까지 한 생각이다.

성경은 우리의 외부 상황에는 기복과 좋고 나쁨이 있을 수 있지만, 우리 내면의 태도는 그리스도 안에서 영구히 기뻐하는 상태가 되어야 한다고 말한다.

나는 비천에 처할 줄도 알고 풍부에 처할 줄도 알아 모든 일 곧 배부름과 배고픔과 풍부와 궁핍에도 처할 줄 아는 일체의 비결을 배웠노라 **빌 4:12**

사소한 것에 감사하지 못한 결과가 언제나 분명하게 드러나는 건 아니다. 하지만 나는 엄중한 교훈을 얻은 적이 있다.

군종장교 사무실이 부산했던 어느 아침, 모든 일이 엉망진창이었다. 상급 책임자가 출근하지 않았고, 무슨 일을 해야 할지 아무도 모르는 듯했다. 전화벨이 계속 울렸다. 일은 쌓여만 갔다. 나는 출근하지 않은 사람 때문에 짜증이 나기 시작했다. 물론 그런다고 해서 그가 출근할 것도 아니었고, 상황이 나아지지도 않았다. 나는 끔찍한 그 하루를 대부분 작은 소리로 투덜대면서 보냈다.

다음날 출근한 상급 책임자는 병원에 갔었다고 했다. 병원에서 부비강에 악성 종양이 있다는 말을 듣고, 충격에 온몸이 마비된 그는 집으로 돌아가 종일 침대에 누워 있었고, 다시 일어나지 못해도 상관없다는 생각마저 들었다고 했다.

나는 양심에 찔려 견딜 수가 없었다. 결근한 사람에 대해 하나님께 감사하기는커녕 대수롭지 않은 업무 지연에 야단법석을 떨고 불평하느라 그 직원을 향한 하나님의 사랑과 능력의 통로로서 내 역할을 제대로 하지 못한 게 부끄러웠다.

모든 상황 가운데 신뢰와 찬양으로 반응하는 법을 배우는 건 중요하다. 그 결과가 명백하게 나타나든 그렇지 않든 말이다. '비상 버튼' 대신 '찬양 버튼' 누르는 법을 배우면, 우리가 마주한 상황이 극적인 사건이든 사소한 짜증이든 삶과 태도가 변한다.

어떤 남자가 빙판길을 운전해 퇴근하고 있었다. 그는 도로 상태를 잘못 판단해서 정지 신호에 미끄러져 다른 차를 들이받았다. 다친 사람은 없었지만, 차가 심하게 망가졌다. 그는 어리석은 실수를 한 자신에게 화가 났다. 그때 최근에 읽은 책의 '범사에 하나님께 감사하라'라는 메시지가 떠올랐다.

'주님, 이 사고에 감사합니다.'

그가 기도하자, 머릿속에서 속삭이는 목소리가 들려왔다.

'바보처럼 굴지 마. 넌 이미 끔찍한 실수를 저질렀어. 이 사고에 대해 기쁜 척하면서 상황을 더 악화시킬 셈이야?'

'하지만 하나님은 합력하여 선을 이루시겠다고 약속하셨어.'

'이 사고로 인해 좋은 결과가 생기는 꼴은 절대 볼 수 없을 거야!'

'내가 하나님께 감사한다면 볼 수 있어.'

그 남자는 고집했다. 그리고 사고에 계속 감사했다. 하지만 겉으로 봐서는 어떤 극적인 사건도 일어나지 않았다. 상대 운전자를 그리스도께 인도한 것도 아니고, 정비소에서 그가 보인 기쁨의 태도에 아무도 반응하지 않는 듯했다.

그렇다면 그의 반응에는 어떤 변화가 있었을까? 시간이 흐를수록 무언가 굉장히 놀라운 일이 그의 안에 일어났다. 그가 하나님께 감사하면 할수록, 더 크고 새로운 평안이 마음속에 퍼져

나갔다. 정오 무렵이 되자, 그는 터져 나오는 웃음 같은 무언가가 마음속에서 끝없이 솟아나고 있음을 깨달았다. 사고에 대해 하나님께 거듭 감사할 때마다, 단단한 매듭이 풀리듯이 마음속 깊은 곳에서 무언가가 풀리는 것을 느낄 수 있었다.

그는 이전까지 평범한 크리스천이었다. 그런데 그날 이후로 삶이 완전히 달라졌다. 그리스도 안에서 승리하는 삶의 새로운 차원에 들어섰다. 이는 그가 바보 같은 실수이자 뜻밖의 불운이라고 생각했던 일에도 하나님의 손길이 함께하심을 믿기로 결단한 덕분이었다.

또 다른 남자는 범사에 하나님을 찬양하라는 내 설교를 듣고, 그 순간부터 자기에게 일어나는 모든 일에 감사하겠다고 하나님께 약속했다. 그는 집회가 끝나고 가족과 함께 영하의 날씨에 눈보라를 뚫고 차를 몰아 집에 왔다. 밤늦게 집에 도착했는데, 현관에 들어선 순간 뭔가가 잘못되었음을 느꼈다. 보일러 고장으로 집이 냉골이었다.

그가 보일러를 살펴보기 위해 지하실로 내려간 사이, 가족들은 위층에 옹기종기 모여 있었다. 보일러에 대해 아는 것이 없던 그는 뭐가 잘못된 건지 알 수 없었다. 우두커니 서서 차갑게 식은 보일러를 바라보고 있던 그에게 처음 떠오른 생각은, 보일러가 다시 가동하도록 도와달라고 하나님께 기도하는 거였다.

집에 난방이 되지 않으면 그는 가족들을 따뜻한 곳으로 데리고 가야 했다. 그때 머릿속을 스치는 생각이 있었다.

'너는 지금 감사하느냐?'

'죄송합니다, 주님. 제가 깜박했습니다.'

그가 기도했다.

'우리 가족의 유익을 위해 하나님께서 이 일을 계획하신 줄 압니다. 그러니 하나님, 보일러의 이 상태 그대로 감사합니다.'

그 순간 매우 명확한 생각이 마음속에 떠올랐다.

'환풍기를 점검해라!'

'환풍기요? 저는 그게 어디 있는지도 모르는데요!'

'오른쪽에 있는 철판 뒤쪽을 보아라.'

그는 드라이버를 가져와 철판을 분리하기 시작했다. 순간 자신의 행동이 우스꽝스럽게 느껴졌다.

'이게 다 상상은 아닐까? 철판 뒤에 정말 환풍기가 있기는 한 걸까?'

하지만 하나님이 정말로 역사하셔서 이런 직접적인 도움을 주시는 거라면 여기서 멈출 수 없다고 생각했다. 추위로 꽁꽁 언 손가락으로 철판을 떼어내니 그 뒤에 환풍기가 있었다.

'이제 어떻게 한담?'

'환풍기 벨트를 보아라. 꺼져 있을 것이다.'

캄캄해서 보일러 내부가 보이지 않았다. 손전등을 가져와 보일러 안쪽의 좁은 입구 아래로 불빛을 비췄다. 느슨해진 환풍기 벨트가 보였다. 그는 그 벨트를 환풍기 위에 있는 구동축 위로 밀어 넣고 좁은 입구에서 팔을 뺐다. 보일러는 여전히 차갑고, 아무 소리도 나지 않았다.

'이제 어떻게 할까요?'

'보일러 스위치를 올려보아라.'

스위치를 올리자마자 불꽃이 춤을 추며 보일러가 살아났다. 그는 위층으로 뛰어 올라가 하나님이 얼어붙은 보일러로 자신들을 축복하셨음을 가족들과 나누었다.

만약 그가 하나님을 찬양하며 그분이 합력하여 선을 이루실 것을 기대함으로 위기에 대응하지 않았다면, 그와 가족들은 추위와 어려움으로 고통받았을 것이다. 얼어붙은 보일러는 찬양을 통해 하나님의 능력과 인도하심이 나타남을 배우도록 하나님이 주신 기회였다.

보일러 사건 이후 그의 인생은 변화되었다. 그는 모든 상황에서 하나님 음성에 귀 기울이기 시작했고, 성령님의 이끄심에 예민하게 반응하는 흔치 않은 영적 감각을 드러내기 시작했다. 그의 귀는 하나님의 인도하심을 향해 활짝 열렸고, 이로써 그는 다른 이들의 삶 가운데서도 하나님의 능력의 통로가 되었다.

그 첫 단계는, 눈 내리던 어두운 밤, 얼어붙은 보일러가 그와 그의 가족들의 복됨을 위한 하나님의 애정 어린 관심의 표현이었음을 믿은, 믿음의 행동이었다. 그는 그 첫 번째 기회를 놓칠 수도 있었지만, 만일 그랬더라도 하나님께서 또 다른 도전의 기회를 주셨으리라 확신한다.

우리는 일상 가운데 계신 하나님의 손길을 깨달을 많은 기회를 마주하고 있다. 그러나 이런 기회를 얼마나 많이 놓치는가! 우리의 반응이 만든 결과는 점점 쌓여간다. 긍정적인 믿음의 걸음을 내디딜 때마다 믿기 더 쉬워진다.

마찬가지로 어려운 상황 가운데 하나님의 임재하심과 사랑을 부인하고 불신할 때마다 부정적인 결과들이 쌓여, 믿음을 실천하는 의지를 끌어모으기가 점점 어려워진다. 불평이 많아질수록 우리는 패배의 거미줄에서 더욱 옴짝달싹하지 못하게 된다. 갖가지 사소한 불평이 모여 결국 산처럼 압도적인 우울감이 된다.

감사하기로 결단하면 일어나는 일

한 크리스천 간호사가 자신이 비참하게 보낸 몇 년간의 이야기를 편지로 적어 보냈다.

언제나 사소한 일들이 저를 속상하고 짜증 나게 하는 것 같았습니다. 제 삶은 점점 더 비참해졌어요. 하나님께 도와달라고 기도했지만, 아무 일도 일어나지 않았습니다.

아침에는 하루를 시작하기 위해, 밤에는 잠을 자기 위해 약을 먹었습니다. 매일 침대에서 일어나야 하는 고통으로 하루를 시작했지요. 집안일도 제대로 하지 못했습니다. 병원에선 환자들을 돌봐야 한다는 중압감에 무너져 내렸고요.

날이 갈수록 상황은 나빠졌어요. 몇 달 전에는 손쉽게 할 수 있었던 작은 일조차 하지 못하게 되었지요. 심각한 우울감에 빠진 나머지, 저를 죽여달라고 하나님께 기도했습니다. 사는 게 지옥 그 자체였어요.

그러던 어느 날, 그녀는 《감옥에서 찬송으로》를 읽었다.

"마치 제 안에 희망의 불빛이 켜진 것 같았습니다."

그녀는 이렇게 적었다. 범사에 하나님을 찬양하기로 결심했고, 엄청난 중압감을 주었던 상황부터 시작하여 감사 제목을 긴 목록으로 만들었다. 결과는 금세 나타나기 시작했다.

지금 제 머릿속에 떠오르는 건 이것뿐입니다.

'예수님을 마음속에 모신 후, 내 삶에 얼마나 놀라운 변화가 일어났는가!'

실패에 대한 끔찍한 두려움이 더 이상 저를 짓누르지 않습니다. 저를 짜증 나게 하거나 속상하게 하는 일도 없습니다. 뭔가 일이 잘못되는 것 같을 땐, 하늘을 보며 이렇게 말합니다.

'주님, 감사합니다!'

그러면 제 마음속에 정말로 기쁨이 생겨납니다!

산처럼 커다란 비참함에 둘러싸여 있든, 짜증 나는 사소한 문제에 둘러싸여 있든 전환점은 같다. 불평하고 구시렁대는 것을 죄로 고백하고, 이제부터는 감사하겠다고 하나님께 약속하라. 당신이 결단하고 믿음 위에 서기로 결심하면 하나님이 그럴 수 있는 능력을 공급하실 것이다. 당신 자신을 하나님께 의탁하기로 한다면, 하나님께 감사할 기회는 많든 적든 어떤 형태로든 반드시 찾아온다.

포트 베닝 근처에서 열린 한 수련회에서 몇몇 청년이 모든 것에 대해 하나님께 감사하겠다고 약속했다. 그런데 다음 날, 병사 중 한 명이 농장에서 트랙터 사고가 나서 삼촌이 돌아가셨다는 연락을 받았다. 그 병사는 생각했다.

'자, 무슨 일이 일어났는지 봐! 넌 하나님을 찬양하겠다는 멍청한 헌신을 했어. 심지어 네 삼촌은 크리스천도 아니었잖아!'

병사는 이 생각의 근원을 알아차리고, 삼촌의 죽음에 대해 하나님께 불평하고 싶은 유혹을 참아냈다. 대신에 그는 이렇게 기도했다.

'하나님, 제가 삼촌을 얼마나 사랑하는지 아실 겁니다. 하지만 하나님이 삼촌을 더욱 사랑하시니 그의 죽음에는 분명 타당

한 이유가 있을 것입니다. 저는 최선의 일을 행하신 것에 대해 하나님께 감사하고, 하나님을 찬양합니다.'

그 병사는 삼촌의 죽음에 대해 평안함을 느꼈지만, 최근 예수님을 구세주로 영접한 사촌에 대한 염려를 떨쳐버릴 수 없었다.

'그는 아버지의 죽음을 어떻게 받아들이고 있을까?'

병사는 사촌을 격려하기 위해 장례식 참석차 고향에 가고 싶었지만, 휴가를 받을 수 없었다. 그래서 기도했다.

'좋습니다. 하나님은 제 사촌의 모든 것을 아시지요. 그러니 제가 갈 수 없음도 감사하겠습니다.'

그는 집에 전화해서 부모님에게 사촌에게 안부를 전해달라고 부탁해야겠다고 생각했다. 공중전화 부스에 들어가 전화를 걸자 사촌의 목소리가 들렸다. 그가 깜짝 놀라서 불쑥 물었다.

"괜찮아?"

사촌이 대답했다.

"나는 주님을 찬양하고 있어. 사고가 나기 며칠 전에 아버지가 예수 그리스도를 영접하신 게 정말 다행이야. 아버지가 사람들에게 하나님께서 아버지에게 해주신 일을 이야기할 시간이 있었어. 이제 아버지가 천국에 가는 게 하나님의 뜻이라는 걸 우리는 알아."

병사는 수련회장에 돌아와 그동안의 일을 다른 병사들과 나누었다. 그 자리에 있던 한 군종장교의 부인이 삶의 모든 것을 감사하겠다고 하나님께 약속했다.

그날 저녁, 그 부인은 차를 몰고 집으로 돌아가는 길에 첫 번째 감사 기회를 얻었다. 십팔 년간 운전하면서 한 번도 교통 법규 위반 딱지를 받아본 적이 없었는데, 도로 한쪽에 차를 세우라는 요구를 받았다. 멀리서부터 그녀를 따라온 군인 경찰은 표지판을 무시하고 교차로를 통과했다며 딱지를 발부했다.

그녀는 군인 경찰이 오해한 거라고 설명했다. 그녀가 교차로에서 조심스레 차를 멈추는 사이에, 똑같이 생긴 다른 차가 멈추지 않고 속도를 높여 그녀를 지나쳤다고 말이다. 경찰이 그녀의 이야기를 인정하지 않자, 처음에는 화를 내며 부당함에 대해 불평하고 싶은 마음이 들었다. 그러나 순간 범사에 감사하기로 했던 약속이 떠올랐고, 즉시 기도했다.

'하나님, 이것이 하나님의 뜻임을 신뢰합니다. 이 모든 경험에 대해 하나님을 찬양하겠습니다.'

그녀는 갑작스레 내면에 기쁨이 물밀듯이 밀려드는 것을 느꼈다. 다음 날, 그녀는 수련회장에 다시 와서 그 일을 우리에게 들려주었다. 그녀가 말했다.

"정말 놀랍지 않나요? 우리는 부당한 대우를 받거나 남에게 이용당하는 것에 대해 걱정할 필요가 없습니다. 그런 상황에서조차 그 안에 있는 하나님의 손길을 바라보고 감사하면, 기쁨과 힘이 솟아납니다."

우리가 하나님을 찬양하면 다른 이들의 마음이 그리스도께 이끌린다. 그러나 크리스천이 아닌 이들과 마찬가지로 일상 속 짜증 나는 수많은 상황에 대해 몹시 투덜대고 불평한다면, 다른 이들은 믿음이 없는 자기들보다 믿음을 가진 우리가 더 나은 게 없다고 결론을 내린다.

그들이 우리 일상의 본질적인 부분에서 그리스도께서 만들어 내시는 차이를 발견하지 못한다면, 우리가 그들에게 예수님이 필요하다고 말할 때, 그들이 그 말을 믿으리라고 기대할 수 있겠는가!

우리가 하는 말이 아니라 됨됨이와 행동이 다른 이들을 우리 안에 계신 그리스도를 믿는 삶으로 이끈다. 그것은 일상생활에서 가장 분명하게 드러난다. 직장에서, 응급상황에서, 일상적인 만남에서 일이 지체되고 어려움을 겪을 때 어떻게 반응하는가? 당신의 반응을 본 사람들이 차이점을 전혀 알아채지 못하는가, 아니면 잠시 멈춰 서서 이렇게 말하는가?

"저 사람은 뭔가 좀 다른데. 내게 필요한 무언가를 갖고 있는 것 같아."

《감옥에서 찬송으로》를 읽고 하나님께서 그들로 범사에 감사하기를 바라신다고 확신하게 된 부부가 있었다.

어느 날 새벽 2시 30분, 부부는 유리창 깨지는 소리에 잠에서 깼다. 바깥을 살피던 남편은 한 무리의 아이들이 차 유리를 몽땅 깨뜨리고 길모퉁이로 재빨리 사라지는 걸 보았다. 부부는 하나님이 그들에게 그분을 찬양할 기회를 주셨다는 데 의견을 같이하고, 침대 곁에 함께 무릎을 꿇고 일어난 일에 감사했다.

다음 날 아침, 남편은 자동차를 정비소에 가져가서 자초지종을 설명했다. 그가 말했다.

"하나님께 감사합니다. 이 모든 사건의 배후에는 분명히 하나님의 놀라운 목적이 있을 겁니다."

정비소 사장은 고개를 저으며 말했다.

"제가 이런 일을 당했다면, 그 어린 불량배 녀석들이 반드시 대가를 치르도록 했을 겁니다."

남편은 미소 지으며 말했다.

"그럴 필요 없습니다. 하나님이 이 상황을 책임지시니 제가 짜증 낼 필요가 없지요."

정비소 사장은 잠시 남편을 쳐다보더니 말했다.

"저도 오랜 세월 크리스천으로 살아왔지만, 기물 파손을 당했다고 하나님을 찬양하는 사람은 처음 봅니다."

그들은 대화를 이어갔고, 남편은 정비소 사장에게 성령세례와 찬양을 통한 하나님의 능력에 관해 이야기했다.

정비소 사장이 말했다.

"잠깐만요, 성령세례에 관해서는 지겹도록 들었습니다. 제 고객 중에 그 얘기만 하는 분이 계시거든요. 그러니 하나님을 찬양하는 것에 대해 좀 더 이야기해 주세요. 흥미롭게 들리네요."

남편은 성령세례와 하나님을 찬양하는 것 모두 그분을 향한 전적인 신뢰와 헌신과 관계가 있기에 자신은 두 주제가 하나라고 생각한다고 말했다. 대화 끝에 정비소 사장은 성령충만한 사업가들의 모임에 참석해 보라는 초청을 받아들였고, 그 모임에서 성령세례를 몸소 체험했다.

이후 그는 모든 것에 대해 하나님을 찬양하기로 결심했다. 감사 제목의 첫 번째 항목은 자신의 사업이었다. 그의 사업은 이년째 파산을 향해 내리막길을 걷고 있었다.

다음 날 오후, 한 직원이 좋지 않은 소식을 가져왔다. 사고를 당해 회사 트럭이 망가졌다는 거였다. 이 일로 정비소 문을 닫게 될 수도 있었다. 정비소 사장이 젊은 직원을 바라봤다. 직원은 사장이 당연히 화를 내리라 예상하고 창백한 얼굴로 떨고 있었다. 그런데 사장은 오히려 미소를 지었고 젊은 직원의 어깨를 감싸며 말했다.

"이 사고를 허락하신 하나님을 찬양하고, 그분이 선하게 역사하실 걸 믿어보자!"

평소대로 보험 청구 서류를 제출했던 정비소 사장은 깜짝 놀랐다. 보험금으로 급한 돈을 갚을 수 있었기 때문이었다. 그 사고는 사업의 전환점이 되었고, 수익이 눈에 띄게 늘기 시작했다. 더욱이 그 일은 삶의 모든 영역에서 기쁨과 평안을 경험하게 된 그의 인생에서 중요한 전환점이 되었다.

이후 단골들은 정비소 사장이 보여주는 확실한 기쁨에 감동하여 예수 그리스도를 구주로 믿게 되었다. 이처럼 우리 삶 가운데 그리스도의 기쁨이 나타나면, 다른 이들의 마음이 그리스도께 이끌린다.

언젠가 밤늦게 집회를 마친 후, 한 식당에 들어가 우유를 한 잔 주문했다. 종업원은 웃으면서 주문한 우유를 가지러 주방으로 갔다. 잠시 후, 그녀는 얼굴을 잔뜩 찌푸리고 화가 난 채로 다시 나타났다.

"선생님, 정말 죄송합니다만, 누군가 냉장고 문을 잠가버려서 우유를 드릴 수가 없습니다."

"주님, 감사합니다!"

저절로 이런 대답이 나왔다. 그 종업원은 어리둥절한 표정이었다.

"왜 그렇게 말씀하시는 거죠?"

"저는 범사에 감사하는 법을 배웠습니다. 우리가 하나님께 바라기만 하면, 그분이 모든 것을 합력하여 선을 이루신다는 것을 믿기 때문입니다."

못 믿겠다는 듯 그녀가 물었다.

"무슨 종교를 믿으시나요?"

"감리교입니다."

"음, 저는 침례교 신자인데 이런 상황에서도 감사하라는 말씀은 들어본 적이 없어요!"

"기독 침례교 신자이십니까?"

"음, 그런 것 같은데 잘 모르겠네요."

그녀는 망설이면서 대답했다. 내가 말했다.

"당신은 분명히 확신할 수 있습니다. 예수님은 우리에게 영생이라는 공짜 선물을 주시기 위해 이 세상에 오셨습니다. 우리는 그분께 우리 죄를 용서해 달라고 간구한 다음, 예수님이 죄를 사해주신다는 것을 믿기만 하면 됩니다. 당신이 이 공짜 선물을 원한다면, 저는 당신과 함께 기도하며 그것을 주시도록 하나님께 간구하고 싶습니다."

종업원은 간절한 눈빛으로 고개를 끄덕였다.

"네, 선생님. 그 선물 받고 싶어요!"

내가 그녀의 어깨에 손을 얹은 채로, 우리는 고개를 숙였다. 자정이 조금 넘은 시각, 텅 빈 식당에서 나는 하나님께서 그녀의 믿음을 드러내시고, 그리스도를 통해 영생의 확신을 주시기를 기도했다. 눈물이 그녀의 얼굴을 타고 흘러내렸다.

그녀가 입을 열었다.

"평생 이런 기분은 처음이에요. 등에서 무거운 짐이 떨어져 나간 듯합니다. 이제는 제가 크리스천인 것을 확실하게 믿습니다."

우유를 마시고 싶을 때 마시지 못한 것을 감사하는 게 대수롭지 않게 보일 수도 있다. 하지만 당신이 사소한 것에도 하나님께 감사하는 법을 배운다면, 그분은 당신의 찬양을 통해 불행하고 지친 사람들을 그분께로 이끄실 것이다. 또한 하나님께서는 그들이 짊어진 걱정과 염려의 짐을 순전한 기쁨과 평안으로 바꾸실 수 있다.

불평을 멈추고, 주님께 감사하라

나는 애틀랜타 공항에 앉아 비행기 탑승을 기다리고 있었다. 그때 갑자기 어떤 사람이, 내가 옆에 있는 낮은 테이블 위에 올려둔 가방을 집어 들었다. 걸쇠를 잠그지 않은 탓에 내용물이 모두 바닥에 쏟아졌다. 종이가 사방으로 날리고, 칫솔 통에서 튀어나온 칫솔이 더러운 바닥에 떨어졌다. 나는 칠칠치 못한 낯선 사람에게 화내고 싶은 충동을 억누르며 나지막이 중얼거렸다.

"네, 주님, 정말 감사합니다. 이런 일을 허락하신 데는 그럴 만한 이유가 있다는 것을 알고 있습니다."

낯선 사람은 당황해서 내게 사과하며 흩어진 물건들을 허둥지둥 줍기 시작했다. 내가 거들자, 그가 나를 쳐다보며 말했다.

"저를 기억하지 못하시는군요, 그렇죠?"

"죄송하지만 누구시죠?"

그는 우리가 몇 달 전에 잠깐 만났다면서, 조금 전 그가 지치고 낙담한 마음으로 터미널을 지나면서 자기에게 도움을 줄 사람을 만나게 해달라고 하나님께 기도하고 있었다고 했다.

"저는 목사님을 보고, 목사님 옆에 있는 테이블에 앉으려고 서류 가방을 집어 들었습니다. 하나님이 저를 목사님께 인도하셨다는 걸 이제 알겠네요. 제가 목사님 물건을 모조리 바닥에 엎어버렸는데, 어쩌면 그렇게 차분하실 수 있었는지 설명해 주시겠어요?"

나는 더없이 기뻤다. 하나님을 사랑하는 자에게 모든 것이 합력하여 선을 이룬다는 사실을 믿는 게 얼마나 영광스러운 일인지 그리고 서류 가방이 뒤집히는 것과 같은 사소한 일도 하나님께 감사함으로 그분의 역사하심을 지켜볼 기회가 된다는 것을 그에게 이야기해 줄 수 있었기 때문이다.

그는 깜짝 놀라며 몇 가지 질문을 던졌다. 내 비행기가 이륙할 시간이 되자, 그가 말했다.

"빠른 시일 내에 플로리다에 있는 포트로더데일에 제 손님으로 한 번 와주시겠습니까?"

이번엔 내가 놀랄 차례였다. 나는 하나님께 포트로더데일로 갈 길을 열어달라고 기도하고 있었다. 하나님이 그곳 크리스천들의 삶에 행하신 많은 이야기를 들었기 때문이었다.

바울은 빌립보 성도들에게 이렇게 썼다.

모든 일을 원망과 시비가 없이 하라 이는 너희가 흠이 없고 순전하여
어그러지고 거스르는 세대 가운데서 하나님의 흠 없는 자녀로 세상
에서 그들 가운데 빛들로 나타내며 생명의 말씀을 밝혀 나의 달음질
이 헛되지 아니하고 수고도 헛되지 아니함으로 그리스도의 날에 내가
자랑할 것이 있게 하려 함이라
끝으로 나의 형제들아 주 안에서 기뻐하라 너희에게 같은 말을 쓰는
것이 내게는 수고로움이 없고 너희에게는 안전하니라 **빌 2:14-16; 3:1**

불평하지 않고 그리스도 안에서 만족할 때, 우리는 어두운 세
상에서 생명의 말씀을 전하며 등대처럼 빛난다. 빌립보에서 그
랬듯, 오늘날도 마찬가지다. 주변의 어둡고 비뚤어진 모든 것에
대해 불평을 멈추고, 주님께 감사하자. 그 어둠을 꿰뚫는 하나
님의 빛을 바라보자.

07
주님이 주시는
기쁨

기쁨이 솟아나는 비밀

느헤미야가 또 그들에게 이르기를 너희는 가서 살진 것을 먹고 단것을 마시되 준비하지 못한 자에게는 나누어 주라 이날은 우리 주의 성일이니 근심하지 말라 여호와로 인하여 기뻐하는 것이 너희의 힘이니라 하고 느 8:10

예수님은 십자가에서 자신을 희생하셔서 제자들을 구원하셨을 뿐만 아니라, 그분의 끊임없는 기쁨의 능력을 주시기 위해 오셨다는 걸 제자들이 깨닫기를 간절히 원하셨다.

내가 이것을 너희에게 이름은 너희로 실족하지 않게 하려 함이니 사람들이 너희를 출교할 뿐 아니라 때가 이르면 무릇 너희를 죽이는 자가 생각하기를 이것이 하나님을 섬기는 일이라 하리라 그들이 이런 일을 할 것은 아버지와 나를 알지 못함이라 오직 너희에게 이 말을 한 것은 너희로 그때를 당하면 내가 너희에게 말한 이것을 기억나게 하려 함이요 처음부터 이 말을 하지 아니한 것은 내가 너희와 함께 있었음이라

요 16:1-4

원하기만 한다면, 주님이 주시는 기쁨은 우리의 것이다! 예수님은 우리를 위해 간구하셨다.

지금 내가 아버지께로 가오니 내가 세상에서 이 말을 하옵는 것은 그들로 내 기쁨을 그들 안에 충만히 가지게 하려 함이니이다 요 17:13

모든 거듭난 크리스천은 자신의 구원이 거저 받은 선물임을 알고 있다. 우리는 믿음으로 예수 그리스도를 구주로 영접했을 때 성령님을 통해 거듭났다. 또한 많은 크리스천이 하나님의 선물은 하나님의 자녀로 거듭나는 것 이상의 것을 담고 있음을 알고 있다.

성령세례는 믿음으로 받을 수 있다. 하지만 예수님이 그분의 기쁨을 우리에게 주셨다는 것을 깨달은 사람은 매우 드물다. 그 기쁨은 다른 선물들과 함께 믿음으로 요구할 수 있다.

예수님이 주시는 기쁨이 우리의 힘이라면, 그것은 분명 일련의 성취 맨 마지막에 오는, 케이크 위의 휘핑크림 같은 게 아니다.

그 기쁨은 처음부터 필요하고, 전 세계에 복음을 전하는 임무를 맡은 우리를 든든히 지탱한다.

바울은 고린도 교인들에게 이렇게 썼다.

우리가 너희 믿음을 주관하려는 것이 아니요 오직 너희 기쁨을 돕는 자가 되려 함이니 이는 너희가 믿음에 섰음이라 **고후 1:24**

바울의 말은 좋은 선물을 주거나 쾌적한 환경을 제공해서 그들을 기쁘게 하겠다는 의미가 아니다. 그는 고린도 교인들이 이미 받은 기쁨을 일깨웠다. 곧 성령님이 이미 심어주신 기쁨을 키워가는 즐거움을 그들이 연습하길 원했다.

바울은 크리스천이 예수님을 강력하게 증거할 때, 외적 상황은 항상 시련과 고통으로 가득함을 알고 있었다. 그래서 크리스천의 기쁨의 원천은 '그리스도 안에서 그분을 따르는 삶'에 있다고 보았다.

오직 성령이 각 성에서 내게 증언하여 결박과 환난이 나를 기다린다 하시나 내가 달려갈 길과 주 예수께 받은 사명 곧 하나님의 은혜의 복음을 증언하는 일을 마치려 함에는 나의 생명조차 조금도 귀한 것으로 여기지 아니하노라 **행 20:23,24**

그런데 그리스도를 통해 이미 기쁨이 주어졌다면, 왜 많은 크리스천이 기쁨 없이 사는가?

예수님은 그분의 기쁨이 우리 가운데 온전해지기를 간구하셨다. 이 말은 우리가 스스로 평안을 얻거나, 자신을 구원하거나, 더 사랑스럽게 만들 수 없듯이, 자신을 기쁘게 만들 수도 없다는 뜻이다. 우리가 할 수 있는 건 예수님이 우리를 위해 하신 일을 받아들이고, 그분의 기쁨이 우리 마음에 온전해지기를 허용하는 것뿐이다.

이는 실생활에서 우리의 느낌과 상관없이, 하나님께서 약속하신 대로 우리의 슬픔을 순전한 기쁨으로 변화시켜 역사하실 걸 믿으며, 의지적으로 기쁨을 실천한다는 뜻이다.

사랑과 기쁨과 평안은 모두 성령님의 열매다. 예수님은 제자들에게 이런 열매를 맺는 법을 말씀하셨다.

> 아버지께서 나를 사랑하신 것같이 나도 너희를 사랑하였으니 나의 사랑 안에 거하라 내가 아버지의 계명을 지켜 그의 사랑 안에 거하는 것같이 너희도 내 계명을 지키면 내 사랑 안에 거하리라 내가 이것을 너희에게 이름은 내 기쁨이 너희 안에 있어 너희 기쁨을 충만하게 하려 함이라 요 15:9-11

기쁨의 원천은 행복한 상황에서가 아니라, 예수님의 계명을 알고 순종하며 주님 안에 거할 때 발견할 수 있다.

예레미야는 이렇게 말했다.

> 만군의 하나님 여호와시여 나는 주의 이름으로 일컬음을 받는 자라 내가 주의 말씀을 얻어 먹었사오니 주의 말씀은 내게 기쁨과 내 마음의 즐거움이오나 렘 15:16

우리는 감각으로 기쁨을 확실히 느낀다. 기쁨은 행복이 넘치는 기분 좋은 경험이다. 그러나 감정에 의존하지는 않는다. 기쁨을 느끼기에 즐거워하는 게 아니라 오히려 즐거워하기 때문에 결국 기쁨을 느끼게 된다고 나는 믿는다.

다윗은 이 즐거움의 비밀을 깨달았다.

> 여호와를 경외함으로 섬기고 떨며 즐거워할지어다 시 2:11

> 이제 내 머리가 나를 둘러싼 내 원수 위에 들리리니 내가 그의 장막에서 즐거운 제사를 드리겠고 노래하며 여호와를 찬송하리로다 시 27:6

오랫동안 나는 기쁨이란 내가 만족스럽고 내 주변이 행복해야 느낄 수 있는 거로 생각했다. 하지만 지금은 기쁨이 내 감정에서 솟아나는 게 아니라, 내 의지로 생겨나는 것이며 찬양하는 삶의 일부임을 깨달았다.

다윗이 말했다.

> 너희 의인들아 여호와를 즐거워하라 찬송은 정직한 자들이 마땅히 할 바로다 시 33:1

기쁨과 감사와 찬양은 일맥상통한다. 범사에 하나님을 찬양하고 감사하겠다는 의지적 결단은 우리가 범사에 기뻐하겠다고 결단할 때 비로소 완성된다.

감사하면 천사들이 기뻐한다

성령님으로 충만하여 오랜 세월 활발하게 신앙생활을 해온 한 노부인이 관절염으로 다리를 절게 되었다. 수년간 계속된 통증으로 사는 기쁨을 빼앗긴 부인에게는 사소한 집안일도 고통이었고, 이로 인해 우울증도 심해져만 갔다.

부인은 하나님이 치유해 주실 걸 믿으며 치유 모임에 참석했지만, 상태는 더 나빠졌다. 그러던 어느 날, 범사에 하나님께 감사할 때 나타나는 능력에 관해 듣고는 한번 시도해 보기로 했다. 밤낮으로 아프지 않은 때가 없었기에 노력하기가 쉽지 않았지만, 그녀는 통증을 비롯한 삶의 모든 영역에 대해 진심으로 감사하기 시작했다.

하루는 조리 도구가 담긴 상자를 들고 주방을 가로질러 천천히 이동하다가 갑자기 상자가 떨어져 내용물이 사방으로 바닥에 흩어졌다. 그녀는 등이 아프고 손가락이 뻣뻣해서 몸을 굽혀 바닥에 떨어진 물건을 집을 수가 없었다. 평소 물건을 떨어뜨리면 그녀는 자기 연민의 눈물을 흘리며 무너져 내리곤 했지만, 이번에는 하나님을 찬양하기로 한 약속을 떠올렸다.

그녀가 기도했다.

"주님, 제가 바닥에 물건을 몽땅 떨어뜨리게 하시니 감사합니다. 하나님이 제 유익을 위해 역사하셨음을 믿습니다."

순간, 그녀는 자기 곁에 다른 존재가 있음을 알았다. 부엌에 혼자 있었지만, 다른 존재를 느낄 수 있었다. 그녀는 자신이 천사들에게 둘러싸여 있음을 깨닫고 깜짝 놀랐다. 천사들이 그녀로 인해 웃으며 기뻐하고 있음을 알 수 있었다. 갑자기 모든 게 이해가 되었다.

예수님이 제자들에게 말씀하셨다.

내가 너희에게 이르노니 이와 같이 죄인 한 사람이 회개하면 하나님의 사자들 앞에 기쁨이 되느니라 눅 15:10

분명 부인은 마음에 기적 같은 **변화**를 경험한, 구원받은 죄인이었다. 하지만 오랫동안 그녀의 마음은 자기 연민과 자기가 고통당하도록 내버려 두시는 하나님을 향한 불평으로 가득 차 있었다. 겉으로는 고쳐 달라고 하나님께 간구했지만, 마음속으로는 하나님께 실망감이 있었다. 그런데 자신의 투덜거림의 원인이 그분을 향한 불신에 있음을 알게 되었다.

그녀가 조리 도구 상자가 떨어진 불상사에 대해 하나님을 찬양할 만큼 그분을 신뢰하기 시작하자, 천사들이 즐거워했다. 그녀는 주방 한복판에 서서 주방 안을 가득 채운 기쁨에 흠뻑 빠져들었다. 자신에게 고통을 허락하신 하나님께 즐거운 마음으로 진실로 감사드렸다. 그 고통이 이런 큰 기쁨을 가져다주었기 때문이었다.

얼마 후 예배에 참석한 그녀는 아픈 이들을 위해 기도하는 시간에 확신 있게 앞으로 나갔다. 이전에는 관절염이 고통스럽다는 생각 때문에 치유될 것을 온전히 믿지 못했지만, 이제 그녀의 믿음은 감정에 묶여 있지 않았다. 통증이 극심해도 기꺼이 믿을 수 있었다. 그날 밤, 그녀는 고침을 받았다. 모든 통증이 사라졌고 뒤틀렸던 관절이 곧게 펴졌다.

인간은 습관의 동물이다. 우리는 아주 오랫동안 감정이 반응을 좌우하도록 내버려 두었다. 그러나 그리스도께서 오셔서 우리 안에 거하심으로 그분의 기쁨이 우리 내면에 온전하고 완전해졌다.

감정에 굴복하지 않고, 의지로 행동하려 하면 할수록, 어떤 상황에서든 점점 더 찬양과 기쁨과 감사로 반응할 수 있게 된다. 그러면서 감정에 의존하던 옛 습관이 점점 사라질 것이다. 꾸준히 하나님을 찬양하면 우리 의지 가운데 기쁨이 일어나 감정으로 퍼져나가는 걸 느낄 것이다.

하나님 말씀에 순종하면 우리가 지금까지 알던 그 무엇보다도 참되고 넘치는 찬양과 감사와 기쁨을 깨닫고, 느끼고, 생각하고, 경험하게 될 것이다. 말씀에 온전히 복종함으로써 우리 안의 모든 방해물이 씻겨 내려가고, 하나님을 위한 완전한 그릇으로 빚어지고, 변화되고, 새로워지면, 주님의 기쁨이 우리 안에서 완전해짐을 발견할 것이다.

먹구름을 뚫고 올라가는 찬양의 사다리

나는 이십 년 가까이 위장 장애로 고생했다. 대부분의 음식에 심한 불편을 느꼈다. 여러 병원에 다니며 온갖 약을 먹어봤지만, 소용없었다. 하나님이 고쳐주실 걸 믿으며 기도해도 눈에 띄는 차도가 없었다. 치유 사역에 탁월하다고 알려진 기독교 지도자들과 기도 모임, 친구들 등 많은 사람이 나를 위해 기도해 주었지만, 끝내 문제는 해결되지 않았다.

나는 마가복음 16장에서 독으로도 나를 해치지 못한다고 하셨던 예수님의 약속을 붙들고 어떤 음식이든 먹었다. 하지만 위장 장애는 계속되었다. 몹시 아팠고, 잠을 이루지 못했다. 이런 자신이 너무 불쌍하게 느껴지곤 했다.

하지만 나는 주님이 나를 위해 죽으셨으므로 고침을 받았다는 사실을 의심 없이 받아들이고, 주님이 원하실 때 이 증상들이 사라질 거라고 믿기로 결심했다. 여러 해 동안 그 확신에 의지하며, 하나님이 내 삶에 성취하길 원하시는 모든 유익을 위해 이런 방법으로 역사하심에 감사했다.

퇴역하기 전, 의사들은 내 위를 수술하기로 했다. 그들은 내가 몇 년간 겪은 통증의 명백한 원인을 찾아내지 못했고, 결과적으로 내 상태를 호전시키지 못했다.

수술을 마치고 병원 침대에 누워 있는데 이전보다 통증이 극심했다. 진통제도 효과가 없었다. 잠도 자지 못하고 누워 있자니 방 안의 어둠이 숨통을 조여왔다. 손을 뻗으면 주위를 맴도는 악한 어둠의 세력이 만져질 것만 같았다. 나는 나를 공포감에 굴복하게 하려는 유혹에 맞섰다. 죽고 싶진 않았지만, 그런 비참한 삶은 두려웠다.

어느 때보다도 어둠이 짙었던 순간, 나는 울부짖었다.

"주님, 제게 무슨 일이 일어나든, 제가 얼마나 비참하든 상관없이 이 모든 일에 대해 주님께 감사합니다. 하나님께서 이 일로도 선을 이루실 줄 믿습니다."

그러자 즉시, 태양보다 밝고 눈부신 하얀 빛이 병실의 어둠을 산산조각 냈다. 그 빛은 몇 년 전 내가 환상 중에 보았던 빛만큼이나 밝았다. 당시 성령님은 내게 환상의 의미를 알려주셨었다. 내가 본 환상은 이랬다.

풀밭 위에 먹구름이 떠 있고, 그 위에는 밝고 하얀빛이 있었다. 먹구름 위는 그리스도께서 예비하신 기쁨과 축복이 가득했지만, 그곳에 가려면 혼란과 고통의 먹구름으로 곧장 연결되는 사다리를 타야 했다. 시각, 청각, 촉각과 같은 일반적인 감각으로는 구름 속에서 어느 쪽으로 가야 할지 알 수 없었다. 그 사다리는 오직 믿음으로 하나님을 찬양하면서 한 걸음씩 올라갈 수 있었다.

먹구름을 뚫고 올라가면서 나는 감각에 의존하던 습관을 버리고, 하나님의 말씀을 신뢰하는 법을 배웠다. 찬양의 사다리는 나를 천상의 세계로 들어 올려 그곳에서 예수님과 함께하게 해주었다.

병실 침대에 누운 채 내 온몸은 그 경이롭고 눈부신 빛에 완전히 잠겼고, 문득 이전에 본 환상이 현실이 되었음을 깨달았다. 하나님이 내 고통을 선하게 사용하시리라 믿으며 신앙생활을 했던 세월은, 어둠과 불확실의 구름 사이를 뚫고 올라가던 시간이었다. 구름이 없었다면 내 감각에 의존하는 버릇을 내려놓는 법을 결코 배우지 못했을 것이다.

이제 나는 그 먹구름에 싸여있던 내 삶의 모든 환경을 하나님게 전심으로 감사할 수 있게 되었다. 그렇지 않고서야 하나님을 전적으로 신뢰하는 법을 어떻게 배울 수 있었을까! 어떻게 이 아름다운 빛과 기쁨의 충만함을 경험할 수 있었을까!

퇴원해서 집으로 돌아왔을 때, 나는 하나님이 내 위장에 무언가를 행하셨음을 알았다. 오랜 시간, 나를 고통으로 몰아넣었던 음식들을 먹는 게 더 이상 힘들지 않았다. 딸기, 사과, 바나나, 아이스크림처럼 애써 멀리했던 음식도 모두 먹을 수 있는 새로운 자유를 누리게 되었다.

치유보다 더 중요한 것

지난 몇 년간, 내가 다른 사람을 위해 기도하면 그가 즉시 고침을 받았다. 그렇지만 하나님은 나로 그분의 말씀을 신뢰하여 내 믿음이 굳건해지도록 하셨다.

하나님을 찬양할 때, 그분의 치유하시는 능력이 나타남은 분명한 사실이다. 그러나 치유가 가장 중요한 건 아니다. 우리가 자신의 안락함이나 치유를 받아 육체의 고통에서 벗어나려는 욕구에만 관심을 둔다면 잘못된 관점을 갖게 된다. 사실 우리의 염려는 우리를 향한 하나님의 계획에 의문을 품는 것에 기반하기 때문이다.

수년간 나는 치아를 잃을까 봐 걱정했다. 그러던 어느 날, 치과 의사가 내 잇몸이 심하게 감염되어 치아를 둘러싼 뼈가 상했다고 말했다. 첫 엑스레이에는 슬픈 그림이 찍혀 있었다.

'곧 치아를 잃게 되겠구나!'

낙담한 채 치과를 나섰다. 물론 이런 상태에 대해서도 하나님께 감사해야 함을 알았지만, 그 사실에 마냥 행복하지는 않았다.

'주님, 제 치아가 좋지 않은 상태가 되게 하셔서 감사합니다. 제게 가장 좋은 것이 무엇인지, 저보다 하나님이 더 잘 아신다고 믿습니다. 그래서 주님을 찬양합니다.'

기도하는 동안 감사한 마음이 들었다. 그때 마침 찾아온 친구에게 주님을 찬양할 새로운 기회가 생겼다고 말했다. 그러자 친구가 물었다.

"고쳐 달라고 기도는 해봤어?"

"아니, 하나님이 허락하시지 않으면 일어날 수 없는 일이니까 치아를 잃는 게 야단법석을 피울 일은 아니란 걸 방금 깨달았거든."

내가 대답했다.

"하나님은 네가 온전한 치아를 갖길 바라실 것 같은데…."

친구가 내 어깨에 가볍게 손을 올리고 기도했다.

"사랑하는 하나님, 멀린의 치아가 나쁜 상태가 되게 하심에 감사합니다. 우리는 하나님을 찬양하며 이 일을 통해 하나님이 영광 받으시기를 간구하오니, 지금 멀린을 어루만지셔서 온전히 치유해 주십시오."

사흘 후, 다시 치과에 가서 엑스레이를 찍었다. 의사가 새로 찍은 엑스레이를 보며 걱정스럽고 당황한 표정을 짓더니 이내 그것을 내려놓고는 내 입 안을 다시 살펴보았다. 그러고는 고개를 저으며 중얼거렸다. 나는 '생각보다 상태가 더 안 좋은가…' 하고 생각했다. 한참 뒤에야 의사는 뒤로 물러서서, 머리부터 발끝까지 나를 훑어보며 물었다.

"도대체 치아에 무슨 짓을 하신 거죠?"

"아무것도 하지 않았는데요!"

"이해가 안 되네요."

그는 지난번 엑스레이와 새로 찍은 엑스레이를 차례로 보면서 말했다.

"환자분 뼈는 아무 문제가 없고, 잇몸도 감염되거나 부어있지 않아요. 솔직히 구강 전체가 완벽해 보입니다!"

나는 빙그레 웃었다. 하나님이 나를 고쳐주셨음을 아는 것도 정말 멋진 일이었지만, 더 좋은 건 치유 여부가 더 이상 문제가 되지 않는다는 거였다. 틀니를 사용해야 한다는 작은 두려움이 늘 따라다녔는데, 그마저도 사라졌다.

치아가 있건 없건 정말 중요한 건, 그리스도와의 완전한 연합이며 내 삶의 사소한 부분까지도 살피시는 하나님의 애정 어린 관심을 신뢰하는 것임을 알게 되었다.

최근에 뉴햄프셔에 사는 어느 사랑스러운 부인이 편지를 보내 왔다. 부인은 십 대 아들과 둘이 살고 있는데, 내게 편지를 보낼 당시, 그녀는 두 차례 큰 수술을 받고 계속되는 통증에 누워만 있었다.

신실하심이 크신 하나님을 찬양합니다!

지난번 수술을 받고 나서 무척 상심했는데, 누군가가 《감옥에서 찬송으로》를 제게 건넸습니다. 책을 읽고, 저는 병에 대해 하나님께 찬양하고 계속 예수님을 바라보기로 결심했지요. 그 후로도 통증은 사라지지 않았지만, 나의 구주를 더욱 깊이 알게 되었고, 성령님은 저를 정말 놀랍도록 잘 돌봐주셨습니다.

어떤 친구들은 하나님이 저를 벌하시려고 고통을 주셨다고 말하지만, 그렇지 않다는 걸 저는 압니다. 예수님은 한 번도 저를 정죄하지 않으셨어요. 오히려 그분의 사랑에 대해 많은 걸 가르쳐주셨지요.

지난 몇 달간 예수님은 성경 말씀을 통해 제 마음과 삶에 있어서는 안 될 것들, 그리스도와는 다른 감정과 생각을 보여주셨습니다. 하나님은 놀라운 사랑으로 저를 용서하셨고, 제 삶에 남아 있는 오랜 상처의 흔적을 모두 치유해 주셨어요.

저는 이 어려운 상황과 심지어 통증에 대해서도 예수님에게 감사하는 법을 배웠습니다. 온 마음을 다해 예수님을 사랑합니다. 왜 이런 길로 인도하시는지 이해할 수는 없지만, 하나님을 위해 제 연약함을 "기뻐 하고"(고후 12:10) 즐거워하며 그분께 나아가 진심으로 찬양을 드립니다. 병원에서 세 번째 수술을 받아야 할지도 모릅니다. 하나님이 제 유익 을 위해 이 상황 가운데 역사하심을 알기에, 그마저도 하나님께 감사 합니다. 하나님이 저를 치유하실 수 있음을 압니다. 그분의 사랑으로 제게 가장 좋은 걸 주실 줄 믿고 감사합니다.

편지에 진정한 기쁨과 감사가 흘러넘쳤다. 육신은 여전히 고 통 가운데 있지만, 그녀는 감정과 내면이 치유되는 경험을 했고, 그리스도 안에서 하나님과 멋진 관계를 맺기 시작했다. 나머지 모든 건, 심지어 치유마저도 중요하지 않았다.

그리스도 안에서 하나님과 하나 되는 건, 바울이 추구한 목 표였다. 그는 예수님이 이 땅에 오신 목적이, 인간과 하나님 사 이에 있는 죄의 장벽을 없애서 창조주 하나님의 원래 의도대로 다시금 그분이 그분의 피조물과 연합하시도록 하는 것임을 알 았다.

십자가에 못 박히시기 전, 예수님은 우리를 위해 기도하셨다.

내가 비옵는 것은 이 사람들만 위함이 아니요 또 그들의 말로 말미암아 나를 믿는 사람들도 위함이니 아버지여, 아버지께서 내 안에, 내가 아버지 안에 있는 것같이 그들도 다 하나가 되어 우리 안에 있게 하사 세상으로 아버지께서 나를 보내신 것을 믿게 하옵소서 내게 주신 영광을 내가 그들에게 주었사오니 이는 우리가 하나가 된 것같이 그들도 하나가 되게 하려 함이니이다 곧 내가 그들 안에 있고 아버지께서 내 안에 계시어 그들로 온전함을 이루어 하나가 되게 하려 함은 아버지께서 나를 보내신 것과 또 나를 사랑하심같이 그들도 사랑하신 것을 세상으로 알게 하려 함이로소이다 **요 17:20-23**

우리는 예수님의 기도가 응답되었음을 분명히 안다. 그리스도께서 우리 안에 거하심을 확신할 수 있다. 우리는 그리스도 안에서 하나님 아버지와 하나가 된다.

이런 성취된 사실들의 중요성을 온전히 이해하면, 삶의 모든 부분에 올바른 관점을 갖게 된다. 한때 불쑥 나타나 우리의 이목을 끌고, 우리로 예수 그리스도와의 관계에 불균형을 이루게 한 외부 상황들이 이제는 우리 삶 가운데 역사하시는 하나님의 계획에 완벽하게 들어맞음을 보게 된다.

감옥에서 온 놀라운 편지

《감옥에서 찬송으로》 출간 이후, 전국 교도소에서 수많은 편지가 왔다. 다음은 한 사형수의 편지다.

저는 전기의자 사형을 선고받았습니다. 제가 죽어야 한다는 걸 알기에 오랫동안 죽음을 넘어서는 어떤 희망도 없었습니다. 두려움이 모든 생각을 통제했고, 하나님과 사람들에게 버림받은 기분이었습니다. 그때 《감옥에서 찬송으로》를 읽었습니다. 제 마음이 다시 살아나는 것 같았지요. 저는 하나님이 실재하시며 모든 삶 가운데 역사하시어 우리로 그분의 아들을 구주이자 주님으로 받아들이도록 이끄신다는 걸 감히 믿었습니다.

그리고 제 추악한 삶을 돌아보았지요. 하나님이 허락하셨기에 이 모든 일이 일어났고, 그래서 하나님께 손을 내밀어야 할 상황에까지 이르렀다고 생각했습니다. 제가 손을 내밀자, 눈 깜짝할 사이에 하나님이 나의 유익과 그분의 영광을 위해 모든 일 가운데 역사하고 계심을 깨달았습니다.

난생처음 제 삶 전체가 하나님의 축복을 받고 있으며, 하나님의 아들을 믿는 믿음을 통해 제가 하나님께 속했다는 걸 알게 되었지요. 이제 저는 정말로 자유롭고, 하나님의 평안과 기쁨으로 마음이 가득 차 있습니다.

또 다른 수감자의 편지다.

저는 모든 사람과 모든 걸 증오하며 살았습니다. 아무리 애써도 내가 살아있다는 사실을 기뻐할 이유를 찾지 못했지요.

누군가가 건네준 《감옥에서 찬송으로》를 처음 읽었을 땐, 헛소리투성 이라고 생각했습니다. 하지만 책 내용을 생각하면 할수록, 추악한 제 삶에 대해 하나님께 감사해 보고픈 마음이 점점 커졌습니다. 어차피 밑바닥 인생인데 더 잃을 게 무엇이 있겠습니까?

삶에 일어난 큰 사건들을 하나씩 곱씹으며 각 사건이 저를 향한 하나 님의 계획 일부였음을 믿고 감사했습니다. 이런 과정이 무척이나 바보 같아 보였지만, 억지로 계속했습니다. 그러면서 제 안에 뭔가가 일어 나기 시작했지요. 저는 하나님께서 혼란스러운 제 삶에 세세하게 관여 하심을 알았습니다.

'하나님이 내게 관심을 갖고 계시다는 게 사실일까?'

잊고 있던 사건들이 제 마음을 다시 두드렸습니다. 전에는 그것들을 비극으로 여겼지만, 이제는 제게 하나님이 필요하다는 사실을 확실히 알려주시려고 그분이 그리신 신실한 그림의 일부로 여기게 되었지요. 그래서 삶의 모든 소소한 부분에 대해 하나님을 찬양했습니다. 저를 미워하고, 학대하고, 배신하고, 속였던 사람들에 대해, 또 제가 미워하 고, 학대하고, 속이고, 배신했던 사람들에 대해서도 하나님께 감사했 지요. 그러자 눈부신 평안이 제 안에 넘쳐나기 시작했지요.

하나님은 제 모든 쓰라린 과거를 치유해 주셨습니다. 교도소 담장은 사라지고, 평안만이 저를 둘러쌌습니다. 담장과 쇠창살은 저를 더 이 상 죄수로 만들지 못합니다. 저는 그리스도 안에서 자유합니다. 하나 님을 찬양합니다!

서부에 있는 최고 보안 수준의 교도소에 수감 중인 한 크리스천의 편지도 받았다.

하나님을 찬양합니다! 저녁 성경 공부 모임에 참석하는 사람들이 늘고 있습니다. 지난주에는 세 사람이 그리스도를 구주로 영접했어요. 이 교도소 담장 안에서 매주 세 영혼이 예수께 나아온다는 게 어떤 의미가 있을지 상상해 보세요!

(다음 편지에는 그다음 달에 열두 명이 그리스도를 영접했고, 네 명이 성령세례를 받았다고 적혀 있었다.)

포트 베닝에 있는 형제들의 기도에 진심으로 감사합니다. 그 어느 때보다도 주님이 이곳 사람들에게 영향을 끼치고 계십니다. 하나님이 우리 기도에 응답하셔서, 언젠가 이곳 수감자 가운데 많은 영혼이 예수께 속하는 모습을 보게 될 것입니다. 《감옥에서 찬송으로》를 읽은 게 얼마나 큰 축복이었는지 모릅니다. 또 교도소 담장 안에서도, 외부에서 설교하는 크리스천 형제들의 설교 테이프를 들을 수 있어서 정말 기쁩니다.

하나님은 위대하십니다! 저는 팔 년 전에 무장 강도죄로 단기 십 년에서 장기 팔십 년의 부정기형(형을 집행하는 과정에서 복역 성적을 보아 석방을 결정하는 자유형-역주)을 받고 이 교도소에 들어왔습니다. 경찰관이 쏜 총알에 맞거나 알코올의존증으로 인한 기억상실증만이 제 미래라고 생각했지요. 온갖 재활 프로그램을 시도해 보았지만, 가석방되어 나왔다가 다시 교도소로 돌아갈 때까지 석 달 하고도 이십오 일을 꼬박 술에 취해 있었어요. 저 자신을 바꿔보려 노력했지만 사실 소용없었습니다. 그런데 육 개월 전쯤, 예수님이 한순간에 저를 변화시키셨습니다. 저는 성경에서 말씀하신 그대로 변화되었습니다.

"그런즉 누구든지 그리스도 안에 있으면 새로운 피조물이라 이전 것은 지나갔으니 보라 새것이 되었도다"(고후 5:17).

그날 이후 예수님은 거미줄투성이인 어둡고 구석진 제 내면에 그분의 빛을 비추사 제 삶을 깨끗이 하시려 역사하고 계십니다. 하나님을 찬양합니다! 예수님이 제공하시는 재활 프로그램에 비해, 언급할 가치가 있는 프로그램을 가진 사람은 아무도 없습니다. 인간은 속사람을 바꿀 수 없습니다. 오직 그리스도만 하실 수 있습니다! 놀라우신 예수님을 찬양합니다. 그분은 하나님의 사랑의 빛을 제게 비춰주셨습니다. 예수님과 함께 살아가는 기쁨이 나날이 깊어집니다.

수감자들 사이에 지속적인 깨달음이 있도록, 새로 믿은 사람들이 강건해지도록 함께 기도해 주셔서 감사합니다. 예수님 안에서 형제 된 자들의 사랑을 담아 보냅니다.

이 크리스천 형제는 우리가 '어둠과 고난'이라 부르는 상황에서 하나님을 찬양하고 있었다. 그의 관점이 완전히 바뀌었다. 예수 그리스도 안에 거하는 기쁨을 알고, 나머지 모든 건 중요하지 않게 되었다. 그는 이 말씀을 배웠다.

항상 기뻐하라 쉬지 말고 기도하라 범사에 감사하라 이것이 그리스
도 예수 안에서 너희를 향하신 하나님의 뜻이니라 **살전 5:16-18**

이 말씀에 대한 존 웨슬리(John Wesley)의 주석이다.

"항상 기뻐하라", 이는 하나님 안에서 누리는 끊임없는 행복이다. "쉬
지 말고 기도하라", 이는 주님 안에서 항상 기뻐하는 것의 열매다. "범
사에 감사하라", 이는 앞의 두 명령의 결과다. 이것이 크리스천의 온
전함이다. 우리는 이 이상으로 할 수 없으며, 이하일 필요도 없다. 주
님은 우리를 위해 의로움뿐만 아니라 기쁨도 사셨다. 죄책감에서 구
원받아 그리스도의 사랑 안에서 행복을 누리는 것이 복음의 의도다.
감사와 진정한 기도는 떼려야 뗄 수 없이 본질적으로 서로 연결되어
있다. 늘 기도하는 사람은 평안할 때나 괴로울 때나, 번영할 때나 큰
역경에 처했을 때나 항상 감사한다. 그는 범사에 하나님께 감사하
고, 모든 것이 주님에게서 온다고 여기며, 모든 것을 그분을 위하여
받아들인다. 무엇이든 선택하거나 거절하지 않고, 좋아하거나 싫어
하지도 않으며, 오직 하나님의 완전한 뜻에 합당하거나 합당하지 않
은 것으로만 받아들인다.

- 존 웨슬리, 《신약성경 주석》

사랑하셔서 허락하신 상처

모든 상황을 하나님이 주신 것으로 여기고, 그로 인해 하나님께 감사하며, 그분 안에서 끊임없이 행복한 삶을 사는 것이 크리스천의 온전함이다. 우리 삶을 향한 하나님의 계획에 우연은 없다. 우리가 보기에는 이상하고, 일관되지 않고, 악해도 하나님의 명확한 동의 없이는 우리에게 절대 아무 일도 일어나지 않는다. 이 점을 분명하게 보여주는 놀라운 이야기가 있다.

한 부인이 편지를 보내왔다. 그녀는 손이 하나인 채로 태어났는데, 자기가 다른 친구들과 다르다는 걸 인식할 나이가 된 이후로 스카프나 숄을 팔뚝에 덮어 장애를 숨겼다. 자신의 신체적 결함을 언제나 고통스럽게 생각했고, 상처를 달래려고 젊은 시절부터 술을 마시기 시작했다. 편지를 보내왔을 당시, 그녀는 쉰여섯 살이었다.

육 개월 전에 언니 집에 갔는데, 언니가 삶의 모든 문제나 비극에 대해 하나님을 찬양하라고 말씀하시는 목사님의 설교 테이프를 틀어주었어요. 그걸 듣고 있으려니 배를 한 대 얻어맞은 듯한 기분이 들면서 토할 것 같았지요. 오랫동안 제 불행에 대해 하나님을 탓했던 저는, 그것을 감사할 준비가 되어 있지 않았습니다.

저는 "주님, 집어치우세요"라고 말했어요. 알코올의존증에서 벗어나게 해주신 건 감사하지만, 다른 문제에 대해선 감사할 수 없었지요. 그런데 아무리 애써도 '하나님께 감사하라'라는 생각을 떨쳐버릴 수가 없었습니다. 그 생각이 밤낮으로 저를 괴롭혔어요. 결국 저는 이렇게 말했습니다.

"주님, 저 좀 그만 괴롭히세요. 주님을 위해서라면 뭐든 하겠지만, 그 것만은 안 돼요. 정말 못하겠다고요!"

그래도 평안을 찾을 수 없었어요. 결국 그 테이프를 다시 틀었습니다. 지난번엔 놓쳤던 말씀이 들렸습니다. 목사님이 그러셨죠. 한 젊은 군인 부부가 그들을 위협하던 끔찍한 일에 대해 하나님께 감사할 수 없었을 때, 결국에는 자발적으로 시도했고, 그러자 나머지는 쉽게 해결이 되었다고요.

그 무렵 저는 조금의 평안이라도 얻을 수 있다면 무엇이든 기꺼이 해보겠다는 지경에 이르렀지요. 그래서 저로서는 할 수 없지만, 자발적으로 시도해 보겠다고 하나님께 말씀드렸습니다. 그 말이 떨어지기가 무섭게 제 어깨에서 오랜 세월의 짐이 떨어져 나가는 기분이 들었습니다. 주님을 찬양하기 시작하자 눈물이 흘러내렸어요. 마치 "하늘 영광 내 맘에 넘치네!"라는 찬송가 가사와 같은 일이 일어났지요. 이 모든 기쁨 가운데 주님이 말씀하셨습니다.

'잠깐, 아직 끝난 게 아니란다.'

저는 자세를 고쳐 앉았습니다.

'무엇이 더 남아 있나요? 저는 이제 막 평생 증오했던 신체적 결함도 감사했잖아요!'

그런데 머릿속에 아주 또렷하게 이런 말씀이 떠올랐습니다.

'이제는 숄이나 스카프로 팔뚝을 가리고 다녀서는 안 된다!'

순간, 가슴이 옥죄는 느낌이 들어 혼자 중얼거렸죠.

"주님, 안 돼요. 도가 지나치십니다. 그런 일은 시키지 마세요."

'그걸 계속 숨긴다면, 너는 진심으로 감사한 게 아니란다. 아직도 창피해하는구나.'

조용한 꾸지람이 들려왔습니다. 저는 눈물을 쏟으며 인정했어요.

'기꺼이 노력하겠습니다. 하지만 제가 할 수 있도록 하나님이 도와주셔야 합니다.'

그 일이 있은 후, 배심원으로 재판에 참석하기 위해 외출할 일이 있었습니다. 옷을 입고 숄을 집으려고 무의식적으로 손을 뻗었는데, 즉시 경고의 목소리가 들려왔습니다.

'안 돼, 안 돼!'

'네, 하나님, 알겠습니다. 숄을 두르지 않고 나가볼게요. 하지만 숄을 가지러 다시 돌아오지 않겠다고 장담은 못 하겠어요!'

그날 난생처음 한쪽 손이 없는 걸 가려주는 보호막 없이 현관문을 나섰습니다. 그런데 현관문을 닫자마자 모든 어색함과 수치심, 죄책감이 씻은 듯 사라졌습니다! 처음으로 진정한 자유가 무엇인지 알게 되었지요. 하나님이 저를 있는 모습 그대로 사랑하신다는 걸 알았습니다. 하나님을 찬양합니다!

하나님이 우리 삶의 모든 상황을 허락하시는 건 그럴 만한 이유가 있기 때문이다. 하나님은 우리를 향한 그분의 완전하고 사랑스러운 계획을 이루고자 하신다.

그 부인이 한쪽 손이 없이 태어나게 하신 건 하나님이 그녀를 사랑하시기 때문이다. 하나님은 욥을 사랑하셨기에 사단이 그를 괴롭히도록 허락하셨다. 하나님은 우리를 사랑하셨기에 그리스도께서 십자가에 달리도록 하락하셨다.

십자가, 역전의 구원 계획

하나님은 이 세상의 어둠과 악한 세력이 (우리가 분명히 느낄 수 있는) 명백한 승리를 얻게 하셨지만, 그러는 동안에도 세상을 구원하기 위한 그분의 완벽한 계획은 이루어지고 있었다.

예수님은 누구보다도 그 사실을 잘 알고 계셨다. 어떤 독자는 내게 편지를 보내, 예수님이 십자가에 달리셨을 때 불평하셨다고 말한다. "나의 하나님, 나의 하나님, 어찌하여 나를 버리셨나이까"라고 울부짖으셨다는 것이다.

그러나 이런 생각은 그분이 십자가형에 대해 하신 모든 말씀과 행동에 완전히 배치된다. 예수님은 세상을 구원하시려는 하나님의 계획의 모든 사소한 부분까지 그 누구보다도 잘 알고 계셨다. 그분은 자신이 앞으로 십자가에 달리고 부활할 것을 제자들에게 자주 말씀하셨고, 그 희생을 예언한 시편과 예언서의 본

문을 인용하셨다. 그리고 앞으로 일어날 일에 대해 기뻐하라고 거듭 강조하기까지 하셨다.

내가 갔다가 너희에게로 온다 하는 말을 너희가 들었나니 나를 사랑하였더라면 내가 아버지께로 감을 기뻐하였으리라 아버지는 나보다 크심이라 요 14:28

아울러, 그분의 허락이 없으면 그 누구도 자신의 목숨을 빼앗아 갈 수 없다고 말씀하셨다.

내가 내 목숨을 버리는 것은 그것을 내가 다시 얻기 위함이니 이로 말미암아 아버지께서 나를 사랑하시느니라 이를 내게서 빼앗는 자가 있는 것이 아니라 내가 스스로 버리노라 나는 버릴 권세도 있고 다시 얻을 권세도 있으니 이 계명은 내 아버지에게서 받았노라 하시니라 요 10:17,18

제자들은 진실을 들었지만, 상황이 난처해지자 명백한 악의 승리에 반응하여 예수님을 잡으러 온 군인들로부터 그분을 지키기 위해 뛰쳐나갔다. 하지만 예수님은 제자들을 제지하셨다.

이에 예수께서 이르시되 네 칼을 도로 칼집에 꽂으라 칼을 가지는 자

는 다 칼로 망하느니라 너는 내가 내 아버지께 구하여 지금 열두 군단

더 되는 천사를 보내시게 할 수 없는 줄로 아느냐 내가 만일 그렇게

하면 이런 일이 있으리라 한 성경이 어떻게 이루어지겠느냐 하시더라

마 26:52-54

　예수님은 하나님의 말씀, 즉 성경이 성취되어야 함을 알고 계셨다. 우리의 어떤 상황이나 행동도 하나님 말씀의 궁극적인 성취를 바꿀 수 없다. 예수님은 육신을 입은 하나님의 말씀이시지만, 스스로 말씀에 순종하셨다.

　예수님이 달리신 십자가를 에워쌌던 유대인들은 그들의 죄를 위해 십자가에 못 박힐 메시아가 오실 거라고 예언한 구약 성경의 구절을 잘 알고 있었다.

　예수님이 울부짖으셨던 "나의 하나님, 나의 하나님, 어찌하여 나를 버리셨나이까"라는 말씀은 메시아 왕의 십자가 처형과 미래의 통치를 이야기하는 찬양과 승리의 시로 널리 알려진 시편 22편의 서두다.

　십자가에서 예수님이 겪으신 고통은 대단히 사실적이었다. 예수님의 손을 관통한 못은 우리가 십자가에 달렸다면 느꼈을 아픔만큼 그분을 고통스럽게 했다. 그러나 예수님은 자신의 고통이 사단과 악한 세력의 승리가 아니라 하나님 계획의 일부임을 알고 계셨다. 그 고통이 이 세상의 악을 이길 승리를 가져올 것

을 아셨기에, 고통에 대해 하나님을 찬양하셨다.

시편 말씀은 이렇게 이어진다.

> 내가 주의 이름을 형제에게 선포하고 회중 가운데에서 주를 찬송하
> 리이다
> 겸손한 자는 먹고 배부를 것이며 여호와를 찾는 자는 그를 찬송할 것
> 이라 너희 마음은 영원히 살지어다 시 22:22,26

예수님은 그분의 삶과 죽음, 미래의 통치를 놀랍도록 정확하
게 예언했던 선지자 이사야를 종종 언급하셨다.

예수님은 우리의 죄 때문에 다치고 상처 입으셨다. 예수님이
매를 맞으셨기에 우리가 평안을 얻을 수 있었고, 예수님이 채찍
에 맞으셨기에 우리가 나음을 받았다!

우리는 양처럼 제 갈 길로 갔다. 각자의 길을 가느라 하나님
의 길을 떠났다. 그러나 하나님은 각 사람의 죄와 잘못을 예수
님에게 담당시키셨다! 예수님은 박해와 고통을 당하셨지만, 아
무 말씀도 하지 않으셨다. 순한 어린 양처럼 잡혀가셨고, 양털
깎는 자들 앞에 선 조용한 양처럼 자신을 정죄하는 이들 앞에
묵묵히 서 계셨다. 그들은 예수님을 감옥에서 끌어내어 재판하
고 죽음으로 몰아갔다.

그러나 당시 사람들 중에 예수님의 죽음이 그들의 죄 때문임

을, 예수님이 당하시는 고난이 그들이 치러야 할 형벌 때문임을 깨달은 자는 누구인가? 예수님은 어느 부자의 무덤에 범죄자처럼 묻히셨지만 아무 잘못도 없으셨고, 악한 말을 한 적도 없으셨다.

그가 찔림은 우리의 허물 때문이요 그가 상함은 우리의 죄악 때문이라 그가 징계를 받으므로 우리는 평화를 누리고 그가 채찍에 맞으므로 우리는 나음을 받았도다 우리는 다 양 같아서 그릇 행하여 각기 제 길로 갔거늘 여호와께서는 우리 모두의 죄악을 그에게 담당시키셨도다 그가 곤욕을 당하여 괴로울 때에도 그의 입을 열지 아니하였음이여 마치 도수장으로 끌려가는 어린 양과 털 깎는 자 앞에서 잠잠한 양같이 그의 입을 열지 아니하였도다 그는 곤욕과 심문을 당하고 끌려갔으나 그 세대 중에 누가 생각하기를 그가 살아 있는 자들의 땅에서 끊어짐은 마땅히 형벌 받을 내 백성의 허물 때문이라 하였으리요 그는 강포를 행하지 아니하였고 그의 입에 거짓이 없었으나 그의 무덤이 악인들과 함께 있었으며 그가 죽은 후에 부자와 함께 있었도다 여호와께서 그에게 상함을 받게 하시기를 원하사 질고를 당하게 하셨은즉 그의 영혼을 속건제물로 드리기에 이르면 그가 씨를 보게 되며 그의 날은 길 것이요 또 그의 손으로 여호와께서 기뻐하시는 뜻을 성취하리로다 그가 자기 영혼의 수고한 것을 보고 만족하게 여길 것이라 나의 의로운 종이 자기 지식으로 많은 사람을 의롭게 하며 또 그

들의 죄악을 친히 담당하리로다 그러므로 내가 그에게 존귀한 자와
함께 몫을 받게 하며 강한 자와 함께 탈취한 것을 나누게 하리니 이
는 그가 자기 영혼을 버려 사망에 이르게 하며 범죄자 중 하나로 헤
아림을 받았음이라 그러나 그가 많은 사람의 죄를 담당하며 범죄
자를 위하여 기도하였느니라 사 53:5-12

보고도 못 본 자들

예수님은 자신이 십자가에 못 박히는 것이 하나님의 계획을
좌절시키는 게 아니라 오히려 성취하는 일임을 알고 계셨다. 하
지만 제자들은 이해하지 못했다. 예수님이 십자가에 못 박히신
걸 보고 미래에 대한 모든 희망과 꿈이 끝나버렸다고 생각했다.
그들은 예수님이 하셨던 말씀을 기억하지 못했다.

지금은 너희가 근심하나 내가 다시 너희를 보리니 너희 마음이 기쁠
것이요 너희 기쁨을 빼앗을 자가 없으리라 요 16:22

제자들은 예수님과 다시 만날 수 있으리라 기대하지 않았기
에 예수님이 무덤에 계시지 않다는 소식을 들었을 때도 시신을
도둑맞았다고만 생각했다.

그날 오후, 예수님의 두 제자가 예루살렘을 떠나 엠마오로 가
고 있었다. 그들이 예수님의 죽음에 관해 이야기하고 있을 때,

갑자기 예수님이 나타나 그들과 함께 걸으셨다. 그러나 그들은 그분을 알아보지 못했다. 예수님은 제자들의 슬픈 얼굴을 보시고 말씀하셨다.

> 예수께서 이르시되 너희가 길 가면서 서로 주고받고 하는 이야기가 무엇이냐 하시니 두 사람이 슬픈 빛을 띠고 머물러 서더라 그 한 사람인 글로바라 하는 자가 대답하여 이르되 당신이 예루살렘에 체류하면서도 요즘 거기서 된 일을 혼자만 알지 못하느냐 **눅 24:17,18**

예수님은 그들이 쏟아놓는 예수님에 관한 슬픈 이야기를 귀기울여 들으셨다. 그 이야기는 이스라엘을 구원하기 위해 오신 메시아임을 확신할 만큼 큰 기적을 행한 놀라운 나사렛 예수를 이스라엘의 지도자들이 로마 정부에 넘겨주어 십자가에 못 박히게 했다는 내용이었다.

제자들은 세상에서 가장 큰 비극을 목격한 듯이 말했다. 설상가상으로 예수님의 시신이 무덤에서 사라졌으며, 예수님이 살아 계신다고 말하는 천사들을 보았다는 여자들이 있다고도 했다. 둘은 그 소문의 마지막 부분이 동화 같은 이야기일 뿐이라고 확신하는 듯했다.

> 또 우리와 함께한 자 중에 두어 사람이 무덤에 가 과연 여자들이 말

한 바와 같음을 보았으나 예수는 보지 못하였느니라 하거늘 이르시되 미련하고 선지자들이 말한 모든 것을 마음에 더디 믿는 자들이여 그리스도가 이런 고난을 받고 자기의 영광에 들어가야 할 것이 아니냐 하시고 이에 모세와 모든 선지자의 글로 시작하여 모든 성경에 쓴 바 자기에 관한 것을 자세히 설명하시니라 눅 24:25-27

그즈음 엠마오 근처에 다다랐고, 날이 어두워졌으므로 두 제자는 예수님에게 낯선 여행지에서 함께 묵기를 청했다. 그들은 아직도 예수님을 알아보지 못했다!

그들과 함께 음식 잡수실 때에 떡을 가지사 축사하시고 떼어 그들에게 주시니 그들의 눈이 밝아져 그인 줄 알아보더니 예수는 그들에게 보이지 아니하시는지라 눅 24:30,31

마침내 그들은 예수님의 부활을 믿게 되었다. 하지만 너무 오랫동안 외적인 상황만 보았기에, 하나님의 완벽한 계획이 펼쳐지는 걸 볼 기회를 놓치고 말았다.

제자들은 자기들의 선생님이 십자가에 못 박히신 것, 즉 악이 선을 분명히 이기는 걸 보았고, 그 일을 하나님이 그들과 함께 하지 않으신다는 증거로 받아들였다. 그러나 선지자들이 전한 하나님의 말씀을 믿었다면, 같은 상황도 하나님이 그들과 함께

하시며 그분의 계획을 성취하고 계신다는 증거로 받아들였을 것이다.

우리도 제자들과 비슷하다. 시련과 슬픔이 닥칠 때, 보이는 첫 반응은 "오, 하나님, 왜 저를 버리셨나요?"이다.

그러나 예수님은 이렇게 말씀하셨다.

> 이것을 너희에게 이르는 것은 너희로 내 안에서 평안을 누리게 하려 함이라 세상에서는 너희가 환난을 당하나 담대하라 내가 세상을 이 기었노라 요 16:33

이 말씀을 진심으로 믿는다면, 우리의 상황을 우리와 함께하시는 하나님의 임재의 증거로 바라볼 것이다. 그 상황에 대해 불평하고 투덜대기보다 하나님을 찬양하고 감사할 것이다.

우리는 흔히 세상사를 바라보며, "요즘 하나님이 일하지 않으신다는 증거가 차고 넘치네"라고 말하듯 고개를 절레절레 젓는다. 그러나 예수님은 그분을 따르는 자들에게 전쟁, 지진, 기근, 반란, 전염병 등을 예상하라고 말씀하셨다. 이는 우리가 살아가는 세상의 완벽한 그림이며, 이 세상이 점점 악화할 거라는 약속이다.

예수님이 말씀하셨다.

> 이런 일이 되기를 시작하거든 일어나 머리를 들라 너희 속량이 가까웠
> 느니라 하시더라 눅 21:28

세상이 점점 어두워진다고 해서 하나님이 부재하시거나 무관심하신 게 아니다. 오히려 정반대다. 이 모든 징조는 하나님이 매우 가까이에 계시며, 하나님의 말씀이 우리에게 약속하신 그대로, 그분의 모든 계획과 목적이 성취되고 있다는 증거다.

예수님은 제자들에게 그분이 십자가에 못 박힌 일에 대해 자기와 함께 기뻐하라고 말씀하셨다. 만일 제자들이 예수님의 말씀을 신뢰했다면, 슬픔 대신 기쁨을 경험했을 것이다. 하나님은 우리에게 시련을 기뻐하라고 말씀하신다.

베드로는 이렇게 썼다.

> 예수를 너희가 보지 못하였으나 사랑하는도다 이제도 보지 못하나
> 믿고 말할 수 없는 영광스러운 즐거움으로 기뻐하니 벧전 1:8

당신은 무엇을 믿겠는가? 하나님이 멀리 계신다고 확신하며 외부 상황에 사로잡혀 슬퍼하면서 엠마오를 향해 가던 두 제자처럼 당신의 길을 걸어갈 것인가, 아니면 눈이 밝아져 감사하겠는가?

예수님이 당신에게 주시는 사랑과 평안과 기쁨을 받아라. 그

분이 당신과 함께하시며, 당신의 필요를 충족하시기 위해 삶의 모든 상황 가운데 역사하고 계심을 믿어라.

당신 삶에 하나님이 존재하시지 않는다는 고통스러운 증거로 여기는 바로 그것이, 실은 당신을 하나님께로 이끌기 위한 사랑의 섭리이다. 그로 인해 당신의 기쁨은 충만해질 것이다!

고개를 들어 하나님을 찬양하라! 하나님은 당신을 사랑하시며, 그분 백성의 찬양 가운데 거하신다!

감사의 능력

초판 1쇄 발행   2024년 6월 27일

지은이   멀린 캐러더스
옮긴이   이지혜

펴낸이   여진구
책임편집   김아진 정아혜
편집   이영주 박소영 최현수 안수경 김도연
책임디자인   마영애 조은혜 | 노지현 이하은
홍보 · 외서   진효지
마케팅   김상순 강성민   **마케팅지원**   최영배 정나영
제작   조영석 허병용   **경영지원**   김혜경 김경희

303비전성경암송학교
이슬비전도학교 / 303비전성경암송학교 / 303비전꿈나무장학회

펴낸곳   규장

주소 06770 서울시 서초구 매헌로 16길 20(양재2동) 규장선교센터
전화 02)578-0003   팩스 02)578-7332
이메일 kyujang0691@gmail.com   홈페이지 www.kyujang.com
페이스북 facebook.com/kyujangbook   인스타그램 instagram.com/kyujang_com
카카오스토리 story.kakao.com/kyujangbook
등록일 1978.8.14. 제1-22

ⓒ 한국어 판권은 규장에 있습니다.

책값   뒤표지에 있습니다.
ISBN 979-11-6504-539-5   03230

규 | 장 | 수 | 칙

1. 기도로 기획하고 기도로 제작한다.
2. 오직 그리스도의 성품을 사모하는 독자가 원하고 필요로 하는 책만을 출판한다.
3. 한 활자 한 문장에 온 정성을 쏟는다.
4. 성실과 정확을 생명으로 삼고 일한다.
5. 긍정적이며 적극적인 신앙과 신행일치에의 안내자의 사명을 다한다.
6. 충고와 조언을 항상 감사로 경청한다.
7. 지상목표는 문서선교에 있다.

하나님을 사랑하는 자 곧 그의 뜻대로 부르심을 입은 자들에게는 모든 것이 合力하여 善을 이루느니라(롬 8:28)